WESTEND

(c) Hannes Jung

Ulrike Guérot ist Professorin, Autorin und Aktivistin in den Themenbereichen Europa und Demokratie. 2014 gründete sie das European Democracy Lab e.V., eine Denkfabrik zum Neudenken von Europa. 2016 wurde ihr Buch »Warum Europa eine Republik werden muss. Eine politische Utopie« europaweit ein Bestseller. Sie ist Co-Direktorin des *Centre Ernst Robert Curtius* (CERC) und seit Herbst 2021 ist Ulrike Guérot Professorin für Europapolitik der *Rheinischen-Friedrich-Wilhelms Universität Bonn.*

ULRIKE GUÉROT

Wer schweigt, stimmt zu

Über den Zustand unserer Zeit.
Und darüber, wie wir leben wollen

WESTEND

Mehr über unsere Autoren und Bücher:
www.westendverlag.de

Die Deutsche Nationalbibliothek verzeichnet diese Publikation in
der Deutschen Nationalbibliografie; detaillierte bibliografische Daten
sind im Internet über http://dnb.d-nb.de abrufbar.

4. Auflage 2022
ISBN: 978-3-86489-359-9
© Westend Verlag GmbH, Frankfurt/Main 2022
Umschlaggestaltung: Buchgut, Berlin
Satz: Publikations Atelier, Dreieich
Druck und Bindung: CPI – Clausen & Bosse, Leck
Printed in Germany

»Und doch kann nichts auf der Welt dem Menschen das Gefühl nehmen, dass er zur Freiheit geboren ist.«

Simone Weil

Für alle, die nicht so leben können,
wie wir jetzt leben

Gliederung

Vorwort zur vierten Auflage

Direkt in der ersten Woche ist dieses Buch auf Platz 8 der Spiegel-Bestsellerliste eingestiegen, das freut mich natürlich sehr! Ziel des Essays ist es, eine breite gesellschaftliche Debatte über die Verformungen von Demokratie und Gesellschaft in Gang zu bringen, die sich während der Corona-Pandemie entwickelt haben und die es jetzt zu diskutieren gilt.

Laut einer Studie der Bertelsmann-Stiftung[1] haben nur noch 42 Prozent der Deutschen Vertrauen in die Demokratie. 59 Prozent denken, dass es weniger gesellschaftlichen Zusammenhalt gibt als vor der Krise – wo doch Solidarität das große Thema während der Corona-Pandemie war –, und nur noch 16 Prozent haben Vertrauen in die Regierung. Laut *WaMS* vom 6. Februar sehen 23 Prozent Deutschland gar auf dem Weg in eine Diktatur. Es gibt also viel zu besprechen – und vor allem zu heilen – nach Monaten der gruppenspezifischen Ausgrenzung (um nicht zu sagen: Entrechtung) von Ungeimpften, gegen die aufgrund einer zementierten Deutungshoheit mit Blick auf das Pandemiegeschehen Kritik kaum erlaubt war: Es gab

---

1 Husemann, Felix: »Vertrauen in Demokratie sinkt«, online unter: https://www.fr.de/politik/vertrauen-in-demokratie-sinkt-91426178.html?fbclid=IwAR2O7Q-aCncwmatZYjsTdmfdxiX1qKJHCcMNGwFuvcTRulL_8AbkAx_ggRc.

Kündigungen kritischer Menschen im Gesundheitswesen, im Journalismus oder der Wissenschaft. Eine ganz und gar ungewöhnliche, wenn nicht ungehörige Tatsache für eine Demokratie!

In vielerlei Hinsicht haben sich die Grundfesten der Demokratie in unserer Gesellschaft verschoben. Aufzuarbeiten, wie und warum dies passieren konnte, auch um daraus Lehren für die Zukunft zu ziehen, ist jetzt die Aufgabe. Auch deswegen freue ich mich über die breite Rezeption meines Buches und hoffe, dass es dazu einen konstruktiven Beitrag leistet!

Damit diese Debatte unbeschadet von den schweren Vorwürfen geführt werden kann, die einige Kritiker:innen auf Twitter am *Sound* des Buches geäußert haben – von einigen wenigen, aber einflussreichen Personen wurde er tatsächlich als »faschistoid« bezeichnet –, habe ich auf Seite 120 die beanstandeten Stellen umformuliert. Dies habe ich in der Hoffnung getan, dass damit eine offene Diskussion über die Inhalte, Thesen, Sorgen und Befürchtungen, die der Essay thematisieren will, mit eben jenen Kritiker:innen geführt werden kann. Ich möchte vermeiden, dass ein ganzer Essay wegen zwei oder drei von manchen als problematisch empfundener Begriffe in Gänze zurückgewiesen wird. Die Korrekturen sind mithin ein Angebot, um miteinander ins Gespräch zu kommen und um nicht zuzulassen, dass eine vordergründige Empörung einer grundlegenden Debatte im Wege steht.

Mir ist wichtig, zu betonen, dass ich für die gleiche Passage in Teil III von anderen Leser:innen überschwängliche Komplimente bekommen habe. Wörter wirken also unterschiedlich auf verschiedene Menschen.

Der Vorwurf, ich sei »faschistoid« oder bediene mich einer »Mafia-Sprache«, ist absurd. Die möglichen Konnotationen des Begriffs »Aufräumen« waren mir, ehrlich gesagt, fremd. Wahrscheinlich sagt das alles mehr über die Projektionen der Kritiker:innen aus als über die der Autorin.

Es gilt der Satz von Hannah Arendt: Wer sein Wort der Öffentlichkeit gibt, kann nicht kontrollieren, was mit ihm geschieht. Es gehörte leider zu den auffälligen diskursiven Mustern der Corona-Diskussion, dass dort, wo Argumente ausgegangen sind, nur noch die persönliche Anfeindung bleibt – das reichte bis zum Wunsch der massiven persönlichen Schädigung. *If you can't beat the argument, you need to get the person …*

Die Notwenigkeit der »Distanzierung von rechts« aufgrund einer »Kontaktschuld« ist ebenso absurd, und es verwundert, dass nicht umgekehrt als Geste des Anstands die Beendigung der persönlichen Anwürfe gefordert wird. Von den meisten Leser:innen wird das Spiel der üblen Nachrede und eines bewussten *framings* dankenswerterweise durchschaut. Überhaupt sollte der Begriff der Kontaktschuld aus der Debatte eliminiert werden.

Die Twitter-Vorwürfe, die ich hier schildere, verweisen indes auf ein sehr grundsätzliches Problem unserer Medienlandschaft, und genau deswegen widme ich ihnen in diesem Vorwort einige Zeilen. Der im Grunde völlig unbedeutende Vorfall zeigt allzu gut, wie über die kleine Blase Twitter (nur 2 Prozent der Deutschen sind auf Twitter, darunter viele Journalist:innen) ein Eindruck erzeugt werden kann, der eben nur genau das ist: der Eindruck einer winzigen Blase, von der behauptet wird, dass sie eine Realität abbilde, in der aber vor allem persönliche Ressentiment öffentlich ausgetragen werden. Zum Zeitpunkt des kompromittierenden Tweets war ich zum Beispiel in Saarbrücken für einen Vortrag (in der FDP-nahen Villa Lessing) und habe vor einem vollen Saal einen riesigen Zuspruch für das Buch bekommen: So unterschiedlich können also Perzeptionen und Wirklichkeiten sein.

Ich kann nur hoffen, dass sich die interessierten Bürger:innen – und ich wende mich hier ausdrücklich auch an die Studierenden der Politikwissenschaften an der Universität Bonn – sich von dem medialen Rummel nicht beeindrucken lassen, vielleicht das Buch lesen oder einige der vielen Video-Clips dazu anschauen und sich ihre eigene Meinung bilden. Dann diskutieren wir darüber.

In der Hoffnung also, dass durch die kleinen Korrekturen die Steine – oder für einige: die Brocken – aus dem Weg geräumt sind, die ihnen den Zugang zu diesem Essay verstellt haben, freue ich mich auf eine breite, ehrliche, freudige, respektvolle, offene Diskussion! Die irritierenden Unterstellungen zeigen indes, wie wichtig diese Diskussion ist, wenn sich die unheilvollen Prognosen über den Zustand unserer Demokratie nicht bewahrheiten sollen. Wir müssen wieder lernen, einander zuzuhören, ohne Anfeindungen miteinander zu reden und respektvoll zu streiten. Es gibt überall, auch im Diskurs, viel zu heilen nach zwei Jahren Corona.

Ulrike Guérot
Berlin, im März 2022

Vorbemerkung

»Wir sind nicht auf der Welt.
Das wahre Leben ist abwesend.«
Rimbaud, Une saison d'enfer, Délires, I

Als am 16. März der erste Lockdown in Österreich ver-
hängt wurde, wurde ich sehr stutzig. Noch war – obgleich
die Bilder von Bergamo schrecklich waren und die Partys
in den Clubs von Ischgl sich als Superspreading-Events er-
wiesen hatten – für die gesamte Bevölkerung keine reale,
konkrete Gefahr in Sicht. Sicher war es richtig, vorsichtig
zu sein angesichts einer Gefahr, die noch niemand wirklich
einschätzen konnte. Aber ein Lockdown ist keine Vorsicht,
sondern eine drakonische Maßnahme, die vor allem Angst
schürt. Auch jenes *»Nous sommes en guerre contre un virus«* –
»Wir sind im Krieg gegen ein Virus« – schien mir ähnlich
unangemessen und übertrieben und eine wenig hilfreiche
Stimmung hervorzurufen.

In diesen ersten Märztagen 2020, als man in Österreich
eine Stunde legal joggen durfte, fand ich mich einmal am
Donaukanal in Wien, weit und breit allein auf weiter Flur,
auf einer Parkbank, den Kopf wie Diogenes gen Frühlings-
sonne gerichtet, als vier bewaffnete Polizisten mich baten,

den öffentlichen Raum zu räumen. Der Vorfall war so bizarr, dass ich ab da der Überzeugung war, dass ein Großteil der Gesellschaft kollektiv in eine Übersprungshandlung getreten ist. Viele trugen etwa noch im eigenen Auto Masken. Alle drängten unter Panik in einen Zug, der immer schneller an Fahrt aufnahm. Es war der Zug der Coronamaßnahmen. Wer, wie ich, nicht in diesen Zug eingestiegen ist, hat das Zeitgeschehen von einer anderen Warte aus beobachtet und ist heute von der Gesellschaft entfremdet. Zwei Jahre schon fährt dieser Zug unaufhaltsam einem Ziel entgegen, das niemand mehr kennt. Diejenigen, die nicht eingestiegen sind, sind nur noch Zuschauer:innen eines Zeitgeschehens, das politisch und sozial höchst merkwürdig geworden ist und in dem die Fundamente von Demokratie, Rechtsstaatlichkeit und Gesellschaft inzwischen ernsthaft gefährdet sind.

Corona bin ich vielfach begegnet. Mein Sohn und seine Freundin hatten es, ebenso viele Freunde und Bekannte. Insgesamt kenne ich rund 50 Personen, die Corona hatten. Eine an Adipositas erkrankte Person musste auf der Intensivstation behandelt werden; zwei weitere Freund:innen hatten zehn Tage eine sehr schlimme Zeit mit Atemnot und beträchtlichem Gewichtsverlust. Alle anderen eine sehr unangenehme, bettlägerige Woche; oder auch gar nicht viel außer dem bekannten Geschmacksverlust. Nichts davon schien mir einen gesellschaftlichen Ausnahmezustand in nie dagewesener Weise über zwei lange Jahre zu rechtfertigen.

Gleichzeitig konnte man – fast umgekehrt proportional zur Datenlage – eine fast komplette Retraktion der Diskussion über das Corona-Geschehen erleben: es gab immer mehr einseitige Berichterstattungen, Ausgrenzung von Expert:innen, die eine andere Meinung vorbrachten, und kritische Wissenschaftler:innen, die aus Beratungsgremien entlassen wurden. Es gab auf einmal Nachzensur bei öffentlich-rechtlichen Anstalten, ebenso wie auf den Plattformen der sozialen Medien. Ich persönlich musste im August 2021 eine Rufmordkampagne über mich ergehen lassen, weil ich – wie viele andere – auf Ungereimtheiten in der offiziellen Corona-Berichterstattung, auf das *Framing* von Zahlen oder die rechtliche Problematik von 2G hingewiesen habe. Viele, die das taten, wurden – schlimm genug – von *rechts* vereinnahmt. Ich hingegen habe mich gewundert, warum nur die politische Rechte die Maßnahmen als unverhältnismäßig kritisierte, während die politische Mitte sie begrüßte und immer mehr davon forderte. Auf einmal konnte man die eigenen Argumente nur noch in Zeitungen oder auf Webseiten lesen, die man vorher nicht mal mit der Kneifzange angepackt hätte: in der *BILD*-Zeitung, der Achse des Guten oder in FPÖ-Blättchen. Damit aber war die Frage auf dem Tisch: Ist man rechts, wenn man in einer konkreten Frage Argumente teilt, die man gerne woanders – etwa in der *ZEIT* oder der *FAZ* – gelesen hätte? Und teilt man, wenn man *ein* Argument mit einer politischen Gruppierung teilt, die man ansonsten als ziemlich unmöglich erachtet, konsequenterweise alle anderen Positionen dieser Gruppierung? Natürlich nicht! Vielmehr muss man diese Argumente schleunigst dieser Gruppierung abnehmen und wieder in die politische Mitte bringen!

Die Gefahr des »Beifalls von der falschen Seite« ist nicht nur das falsche Argument, es *ist* das totalitäre Argument, wusste schon Hans Magnus Enzensberger. Sonst überlässt man anderen die Kontrolle darüber, was man selbst denken darf. Wenn *der* das sagt, darf ich das nicht denken, weil der andere eben *pfui* ist. So ungefähr hat das Kontakt-schuld-Argument über lange Monate im Corona-Diskurs funktioniert. Das ist aber ungefähr so, als würden alle auf-hören, zum Beispiel #MeToo gut zu finden, wenn – sagen wir mal Donald Trump – morgen twittern würde, er fände #MeToo gut. Dieser Text hier wurde Anfang Januar 2022 von dem österreichischen Verlag, für den ich ihn ursprüng-lich geschrieben hatte, abgelehnt, nicht etwa, weil der Text schlecht sei, sondern weil man befürchtete, man werde den Reaktionen auf sozialen Medien nicht Herr. *Ach so?* Nach der Selbstzensur kommt die Zensur, kann man da nur sa-gen. Umso dankbarer bin ich dem Westend Verlag, dass er den kleinen Band jetzt veröffentlicht!

Zurück zu der *anderen Warte*, von der aus dieser Text geschrieben ist. Von dieser Warte aus besehen stehen die Demokratien in ganz Europa – inklusive der EU selbst – an einem kritischen Kipppunkt. Zwei Jahre haben die politischen Systeme aufgrund der Coronammaßnahmen gleichsam den Atem anhalten müssen und sind jetzt kurz vor dem Kollaps, wie jemand, der zu lange unter Wasser taucht. Eine ganze Gesellschaft befindet sich in einem nie geknannten gesellschaftlichen Erregungszustand, eine Demonstration jagt die andere. Doch wenn (politische) Systeme einmal kippen, dann kippen sie. Eine Lawine fängt am Berghang keiner mehr auf und wir sind schon längst auf abschüssiger Piste. Mir wird mulmig, wenn ich beobachte, wie sehr wir unsere Rechtsordnung schon verdreht und die Freiheit schon verspielt haben, gefangen in einem »Bann der Gegenwart«,[1] der uns den Blick dafür verstellt, wie groß

---

1 Diesen großartigen Begriff verdanke ich meinem geschätzten Kollegen an der Universität Bonn, Johannes Lehmann.

die gesellschaftlichen Kollateralschäden und die rechtlichen Verformungen unserer Demokratien schon sind.

Der politische Kairos im Frühjahr 2022 zeichnet sich schon ab: Entweder gelingt es, einen inzwischen unhaltbaren, auf immer mehr Widersprüchen und einem kolossalen Datensalat aufbauenden Corona-Diskurs zu entlarven und dem politischen Schrauben an der Maßnahmen-Spirale, vor allem aber der *Verstetigung* der Maßnahmen ein Ende zu setzen, also ein demokratisches System wieder in seine Spur zu bringen. Oder das System wird notwendigerweise autoritär, weil ein Systemversagen kaschiert und de facto ein Lügengebäude stabilisiert werden muss. Impfpflicht, Impfregister und grüner Pass könnten dann die letzten Tropfen werden, die die jetzt schon durch Populismus und Nationalismus fragil gewordenen Demokratien in Europa in den undemokratischen Abgrund stürzen.

Zum Zeitpunkt, in dem diese Zeilen geschrieben werden, Ende Januar 2022, hat man das Gefühl, dass die – wie oben beschrieben – längst rollende Lawine des Corona-Diskurses weiter an Fahrt aufnimmt und eigentlich nur noch die Frage ist, wann sie wo aufprallt. Während die amtliche Corona-Erzählung, auf der die Politik zwei Jahre lang immer absurdere, unverhältnismäßige und tief in die Grundrechte eingreifende Maßnahmen begründet hat, mit jedem Tag mehr in sich zusammensackt, an dem neue Studien über die relative Wirkungslosigkeit der Impfung, über Impfschäden sowie über die kolossalen gesellschaftlichen Kollateralschäden erscheinen, hält die Regierung in Deutschland unbeirrt an der Impfpflicht als einziger Lösung fest, über die Mitte März im Bundestag abgestimmt werden soll, und entfernt sich damit von der empirischen Realität wie das blubbernde *Yellow Submarine* der Beatles. Ernsthaft wird inzwischen darüber nachgedacht, der Impfpflicht arbeits- und sozialrechtliche Sanktionen folgen zu lassen, sodass perspektivisch die fehlende Impfung etwa ein Grund für die Nicht-Einstellung in Betrieben oder den Nicht-Bezug von Hartz IV ist. Ganz sachlich und ohne mit der Wimper zu zucken wird mithin über den kompletten rechtlichen Ausschluss und de facto die Existenzvernichtung von rund 25 Prozent der deutschen Bevölkerung diskutiert.

Man muss unwillkürlich an jenes Bild der drei Affen denken, die sich Augen, Mund und Ohren zuhalten. Auch der Blick ins europäische Ausland, gar in die Welt, scheint nicht zu helfen, wenn er denn getätigt wird. In Spanien wurde Corona im Januar heruntergestuft zu einer normalen Grippe, alle Bars sind offen, Impfpässe werden im öffentlichen Raum nicht mehr kontrolliert. Dänemark hat alle Maßnahmen aufgehoben, ebenfalls Großbritannien, das seit dem *Freedom-Day* zwar hohe Infektionszahlen vermeldete, aber keinen statistisch signifikanten Anstieg der Todeszahlen und auch keine Überlastung der Krankenhäuser (obgleich es im Vergleich zu Deutschland etwa viermal weniger Intensivbetten gibt). In weiten Teilen Amerikas ist Corona längst vorbei, in vielen Ländern Afrikas – ganz ohne Impfung – sowieso. Auf dem Balkan ist die Lage entspannt, in Bosnien-Herzegowina hat das Verfassungsgericht 2G verboten. Das öffentliche Leben ist dort zurück, ohne Masken und ohne Kontrolle. In Österreich, wo die Impfpflicht schon eingeführt wurde, hat der Verfassungsgerichtshof Ende Januar ein Konvolut an Fragen an Gesundheitsminister Wolfgang Mückstein geschickt, das alle kritischen Fragen und Bedenken über die empirische Datenlage und die Verhältnismäßigkeit der Maßnahmen enthält, die bis dato nur von sogenannten Querdenkern vorgetragen wurden und die an den Grundfesten der Pandemie-Erzählung rütteln. Dieser Fragenkatalog hat das Potenzial, in Österreich nicht nur die Impfpflicht, sondern gleich die ganze Regierung zu kippen – was sich dann auch auf die deutsche Politik auswirken dürfte. Auch in Deutschland verwerfen Gerichte schon die 2G-Regeln, die gerade überall umfallen wie Kegel. In Kanada haben sich die Truck-Fahrer Ende Januar zu einem einmonatigen Generalstreik gegen den *mandatory vaccination act* entschieden, wobei der Streik das Potenzial hat, das ganze Land durch die Unterbrechung von Lieferketten lahmzulegen. Premierminister Justin Trudeau hat sich, so berichtete der britische Guardian, offensichtlich an einen geheimen Ort zurückgezogen, weil er der Lage nicht mehr Herr wird. Kurz: zwei Jahre Pandemie-Erzählung werden in einem anschwellenden Strom aus öffentlichem Protest einerseits und immer neuen wissenschaftlichen Studien andererseits, die zunehmend deutlich machen, *that the cure is worse than the disease,* weggerissen: Der Dammbruch in der Coronadebatte kündigt sich an.

Das Gefährliche an dieser Situation beziehungsweise Diskussion ist, dass Argumente eben *nicht* mehr zählen, dass es eben *nicht mehr* um Logik, Kausalitäten oder Vernunft geht, sondern die Politik sich *ideologisiert.* Mit Wissenschaft kommt man gegen Absurditäten gerade nicht mehr an. Das eklatanteste Beispiel hierfür ist Ende Januar 2022 die Herabstufung des Genesenenstatus auf drei Monate, über Nacht, ohne parlamentarische Grundlage und bar jeder wissenschaftlichen Grundlage. Das macht die Wissenschaft schon jetzt zu einem großen Verlierer der Krise. In Deutschland hat sich etwa in der dritten Kalenderwoche 2022 die sogenannte ARE-Rate den vier Millionen akuten Atemwegserkrankungen, die für diese Jahreszeit statistisch normal sind, angenähert, was eigentlich Grund für eine Entwarnung oder Normalisierung sein könnte. Das ändert aber nichts daran, dass immer noch rund 60 Prozent der Deutschen für eine Impfpflicht sind und Karl Lauterbach einigen Umfragen zufolge Deutschlands beliebtester Politiker ist. Man weiß angesichts der offensichtlichen Diskrepanz zwischen politischem Geschehen und Faktenlage gar nicht mehr, was man noch alles vortragen müsste, um in ein Glaubenssystem, das sich völlig verkapselt hat, noch Argumente vordringen zu lassen. Es gibt inzwischen in der Coronadebatte eine Geschlossenheit der politischen Mitte, einen gedanklichen, emotionalen und mentalen Block, der absolut monolithisch ist und keine noch so naheliegenden Irritationen von außen zulässt. Innerhalb dieses monolithischen Blocks klingen die Argumente logisch; jede Regung, sei es durch normalen Menschenverstand, seien es humane oder moralische Einwände gegen eine Politik, die sich verselbstständigt hat, werden komplett ausgeblendet. Da können durchaus historische Reminiszenzen geweckt werden, zumal die Freiheit immer scheibchenweise stirbt.

Die eigentliche Gefahr ist daher, dass sich die deutsche (oder auch die italienische oder französische) Politik inzwischen verkeilt hat. Sie findet offensichtlich keine Exitstrategie mehr, weil eine in weiten Teilen inzwischen paralysierte Bevölkerung der Auffassung ist, dass noch irgendetwas in Sachen Corona geschehen muss. Aufgrund dieser Erwartungshaltung braucht die Krise notwendig einen inszenierten Abschluss und dafür muss die Politik handeln. Ein einfaches Auslaufenlassen der Maßnahmen geht nicht mehr, dazu wurden die Dinge schon viel zu weit getrieben – oder vielleicht auch zu viele Impfdosen gekauft, die jetzt nicht einfach verfallen dürfen:[2] Die Impfpflicht wäre eine solche Symbolpolitik, ein Tribut an eine Öffentlichkeit, der nach zwei Jahren überhitzter Diskussion und Fütterung mit Angst nicht mehr klargemacht werden kann, dass das staatliche Handeln die ganze pandemische Situation bestenfalls verschlimmbessert hat. Insofern gilt es jetzt in diesem Moment des politischen Kairos, dafür Sorge zu tragen, dass unsere Demokratien bei diesem Balanceakt durch stürmische Zeiten *on the good side of the equation* herauskommen, wie ein amerikanischer Freund sagen würde. Sicher ist das nicht, denn – wie die Geschichte weiß – können gerade Demokratien, die auf gutes Wetter *gepoolt* sind, in Krisenzeiten sehr rasch ins Autoritäre abrutschen, und zwar meistens so, dass die Mehrheit es nicht einmal bemerkt.

Das Gefährliche an der Situation ist, dass die Politik gegenüber ihrer eigenen Bevölkerung immer gut dastehen muss und darum strukturell kein Schuldeingeständnis machen kann. So schreibt Michel de Montaigne in seinen

---

2 Laut Drucksache des wissenschaftlichen Dienstes des Deutschen Bundestags (Drucksache 20/ 429) wurden Stand 16.12.2021 rund 554 Millionen Impfdosen bestellt, die der Pharmaindustrie abgenommen werden. Abzüglich der bereits verimpften Dosen sowie der an andere Länder verschenkten bedeutet das rund sechs Impfdosen pro erwachsene Person in Deutschland. Das lässt die Mitte Januar erfolgte im Handstreich und über Nacht erfolgte Herunterstufung des Genesenenstatus auf drei Monate sowie der *mir nichts, dir nichts* als unwirksam erklärte Impfstoff von Johnson und Johnson in neuem Licht erscheinen. Sollten etwa wirtschaftliche Interessen und nicht die Gesundheit der Bevölkerung oder die Eindämmung des Infektionsgeschehens die eigentlichen Gründe für die Impfpflicht sein? *Honni soit qui mal y pense …*

Essays: »Ein Junge aus Sparta, der einen Fuchs gestohlen und unter seinem Rock verborgen hatte, wollte, weil er die Schande der Dummheit mehr fürchtete als die Strafe, lieber erdulden, dass er ihm den Bauch zerfleische.« Die Politik heute ist jener Junge aus Sparta. Um der Schande der Dummheit zu entkommen, wird lieber ein ganzes politisches System zerstört. Denn wer könnte die Verantwortung, die Regressforderungen schultern, wenn sich auch nur ein Bruchteil dessen bewahrheiten sollte, was inzwischen an validierten Informationen in sozialen Medien kursiert? Niemand! Zu viele gesellschaftliche Gruppen sind massiv in ihren Leben geschädigt, Existenzen zerstört, Steuergelder verschwendet, Kinder misshandelt worden, als dass man politisch zugeben könnte, dass das Krisenmanagement unverhältnismäßig, um nicht zu sagen: falsch oder gar fatal gewesen ist. Denn der Staat darf nicht der Schädigung überführt werden!

Dieser politische Moment ist heikel. Die Bürger:innen können kein Interesse daran haben, dass ihr Staat, ihr politisches System instabil wird. Sie müssten der Politik eigentlich signalisieren: ist gut, hört auf! Wir haben verstanden, dass ihr euch verlaufen habt. Wir lassen euch ziehen. Ja, wir *verzeihen*. Das war der Spruch von Jens Spahn, dem letzten Gesundheitsminister, dass wir einander viel werden verzeihen müssen. Kurz: die Bevölkerung müsste, wie die Buddhisten sagen, ihre Politiker:innen mit Liebe an die Wand atmen und sie vom Impetus des Handels entbinden. Das aber wiederum könnte nur geschehen, wenn die heutige Mehrheit, die nach wie vor hinter Impfpflicht und grünem Pass steht, einerseits ihre Angst bezwingt, die die ganze Zeit Treiber des politischen Geschehens war; und zweitens ihre

Sichtweise auf die Maßnahmen ändert, indem sie erkennt, auf welch wackeligen Begründungen und diffusen Zahlen das gesamte Maßnahmen-Geschehen über lange Zeit aufgebaut war.

Diese Einsicht steht indes (noch) nicht zu erwarten, da Politik und Mehrheit sich gegenseitig stabilisieren. Niemand gibt, im Großen wie im Kleinen, gerne zu, dass er betrogen wurde. Mark Twain und sein *Bonmot* lassen grüßen, laut dem es einfacher ist, ein Volk zu betrügen, als ihm klarzumachen, dass es betrogen wurde. Da die Politik die Schande der Dummheit auf keinen Fall eingestehen kann, wird das inzwischen von der Politik eng an die Kandare genommene mediale System, das sich in den letzten zwei Jahren am Rockzipfel der Politik bewegt und überdies verselbstständigt hat, auf keinen Fall Argumente, Statistiken oder Analysen in die Diskussion bringen, die den regierungsamtlichen Blick auf die Dinge, sei es auf Omikron oder die Impfpflicht, verändern oder infrage stellen könnten. Politik, Medien und Mehrheit funktionieren hier selbststabilisierend. Die Minderheit mit den kritischen Argumenten erhält kaum Zugang zu den Leitmedien, wird auch im Internet zensiert, dazu stigmatisiert, geschmäht und an den rechten Rand gestellt. Dieser Essay ist darum der Versuch, die völlig haltlose Schranke, die Tabuzone zwischen Leitmedien und alternativen Medien zu durchbrechen und die Argumente, die dort diskutiert und vorgebracht werden, mit dem Diskurs und den Ansichten in den Leitmedien in Verbindung zu bringen. Wenn diese Verschränkung jetzt gelingt, wenn die Argumente sich kreuzen, dann gibt es eine Chance auf Versöhnung, und die Hoffnung, dass ein politisches System nicht wegen einer

Impfpflicht über die Klippe des demokratischen Rubikon springt.

Wenn aber ein Diskurs zementiert werden muss, inklusive nationalen Trauertagen für Corona-Tote oder Konterfeis der BioNTech-Inhaber auf den Euro-Noten, wie jetzt im Europäischen Parlament vorgeschlagen wurde – Insignien und Symbolisierungen also, die jede kritische Durchleuchtung des Pandemiegeschehens auf Dauer unterbinden –, dann ist es zu spät. Es wäre eine letztlich autoritäre Schließung des politischen Systems, die meines Erachtens um jeden Preis europaweit verhindert werden muss!

Ulrike Guérot
Berlin, im Januar 2022

Teil I
Wo wir stehen

»So betrachte es als die größte Torheit,
das nackte Leben über diejenigen Dinge zu stellen,
für die es sich zu leben lohnt.«

Juvenal

In diesem Text geht es nicht um Corona an sich, sondern um das, was wir daraus gemacht haben. In den letzten zwei Jahren der Coronakrise sind viele neue Unwörter wie etwa Inzidenz, R-Wert oder 2G in den Lebensalltag gelangt, die seither das Zeitgeschehen prägen und regulieren. Seit Neuestem wird das demokratische Miteinander von zwei Maximen bestimmt, die in Demokratien eher unüblich sind: von der *Wahrheit* und der *Pflicht*.

Der demokratische Staat geht – im Gegensatz zu totalitären Regimen oder Gottesstaaten – nicht davon aus, dass es *eine* Wahrheit gibt. Im Gegenteil: Er garantiert Glaubensfreiheit und verhandelt unterschiedliche Meinungen zu einem Thema in einem Diskurs. Die Pflicht ist in einer Demokratie in erster Linie die Einhaltung des Rechts.

Das geltende Recht, vor allem die Grundrechte der Bürger:innen, wurden wegen Corona für lange Zeiträume stark eingeschränkt: das Versammlungs- und Demonstrationsrecht, das Recht auf einen Abendspaziergang oder ein würdiges Begräbnis, gar die Unverletzlichkeit der eigenen Wohnung. Aus Recht wurde vielfach Moral und aus politischer Verhältnismäßigkeit Übergriffigkeit. Staatsbürgerliches Engagement wird inzwischen an der Impfbereitschaft gemessen, die jetzt, weil sich einige renitente, »uneinsichtige« Bürger:innen eben nicht überzeugen lassen wollen – obgleich man doch wirklich alles versucht und sowieso die besseren Argumente zur Hand habe – zur Pflicht werden soll. Hätte man im Februar 2020 eine Umfrage gemacht, wie viele Leute sich eine allgemeine Impfpflicht vorstellen können oder demnächst nur noch mit einem gelben oder blauen Bändchen ins Theater oder auf den Weihnachtsmarkt und mit einem negativen Schnelltest auf die Skipiste zu dürfen, dann hätten wahrscheinlich viele die Frage gar nicht verstanden. *Wie bitte?* Es ist wichtig, sich das in Erinnerung zu rufen, wenn man vermessen möchte, wie sehr sich die Eckpfeiler unserer Gesellschaft verschoben haben, wie sehr unsere Demokratie ramponiert ist.

Spätestens seit Dezember 2021 aber liegt eine gesellschaftliche Nervosität in der Luft, eine Unruhe, die sich seither zuspitzt. Die Zustimmung zur Impfpflicht in Deutschland wackelt, sie soll aber im Frühjahr noch um jeden Preis durchgesetzt werden. Immer mehr Bürger:innen scheinen der Maßnahmen überdrüssig, egal wie penetrant die täglich verlesenen Höchststände der Omikron-Infektionen sind. Im Nebel obskurer oder gar falscher Zahlen, Prognosen und Panikmache – wie viel wird getestet, wie viele sind falschpositiv, wer wird als Corona-Patient:in im Krankenhaus gezählt, wie viele davon sind geimpft? – hat sich ein politisches System zum Jahresende 2021 völlig verrannt. Jeder, der wollte, konnte das sehen. Politisch aber musste die Pandemie (noch) um jeden Preis weitergeführt werden, weil man nicht zugeben konnte oder durfte, dass sich Expert:innen und Politiker:innen in den letzten Monaten grandios geirrt hatten. In einem Moment, in dem viele Bürger:innen schon vor Wut kochten, wurde *konsequentes Weitermachen* zur Parole und die offensichtliche Tatsache, dass die Gesellschaft in Sachen Corona zutiefst gespalten ist, von Bundeskanzler Olaf Scholz bei Amtsantritt negiert.

Der Fokus von Medien und Kanzler auf den radikalisierten Rand – zum Beispiel »die Fackelträger« vor dem Haus einer sächsischen Gesundheitsministerin – wiederum hat System: unbescholtene, demonstrierende Bürger:innen werden buchstäblich an diesen Rand gedrückt. Wendet man Gewalt an, ist der Protest diskreditiert, wird kriminalisiert und am Ende eliminiert. Und zwar mit übertriebener staatlicher Gewalt, die dann *legitim* ist, weil der Staat gegen die Gewalttätigen vorgehen muss. Die Spirale konnte man, in Deutschland wie anderswo, gut beobachten, etwa als Emmanuel Macron zu Jahresbeginn 2022 davon gesprochen hat, Ungeimpften »auf die Nerven zu gehen« *(»emmerder«)* – also sprachliche oder strukturelle Gewalt gegen seine Staatsbürger:innen angewendet hat. Als die Beschimpften sich mit Straßenprotesten dagegen wehrten, wurde der Protest unterbunden, mit Verweis auf die Gefährdung der öffentlichen Ordnung. Die – bewusste oder entglittene? – sprachliche Eskalation generiert also wütenden Protest, der dann der Vorwand ist, um staatlicherseits zu prügeln. Die Polizei wird zum Anwalt eines Systems, das sich im Recht glaubt. Ein Teufelskreis! Ein System, das strukturelle Gewalt anwendet, gewinnt immer.

Zuvor war über Monate die Kommunikation zwischen Maßnahmenbefürworter:innen und Gegner:innen längst gerissen. Die einen haben eine scheinbare (aber medial konstruierte) Mehrheit, die Wahrheit und die Moral sowieso. Die anderen sind uneinsichtig, Störenfriede und tendenziell gefährlich. Die einen haben Angst vor Corona, die anderen vor Existenzverlust oder vor der Erosion der Demokratie. Doch nur die erste Angst ist offiziell autorisiert. Die anderen Ängste werden zwar geäußert, aber weggewischt. Gefangen im »Bann der Gegenwart« reichte der Blick der Gesellschaft nur bis zur nächsten Infektionszahl.

Die einen haben die offiziellen Medien gelesen und ihren Expert:innen zugehört. Die anderen, eine Minderheit, hat in sogenannten alternativen, eigentlich aber oppositionellen Medien andere Dinge gelesen und anderen Personen, Autor:innen oder Expert:innen zugehört. Innerhalb von zwei Jahren haben sich so zwei Paralleluniversen entwickelt. Eine Mehrheit weigert sich, vom *rechten Glauben* abzufallen, kann oder will nicht wahrhaben, dass sie sich möglicherweise hat täuschen lassen: über die Schwere der Pandemie, die Wirkung der Impfung oder ihre Nebenwirkungen (»*War etwa nicht alles richtig und notwendig?*«). Die Empirie aber erhärtet heute eher die Argumente der Maßnahmen-Kritiker:innen, vor allem, dass die Impfung nicht hält, was BioNTech oder die Politik versprochen haben, und die Maßnahmen – wie Lockdowns – überzogen beziehungsweise weitgehend wirkungslos waren. »*Wir werden einander viel verzeihen müssen*«, sagte der damalige Gesundheitsminister, Jens Spahn zu Beginn der Krise. Von Verzeihung ist derzeit aber kaum die Rede und von Versöhnung auch nicht. Nicht einmal von Zuhören.

Seit nunmehr zwei Jahren wurde versucht, eine gesamtgesellschaftliche Herausforderung – die Coronakrise – durch eine zunehmend verabsolutierte Politik zu lösen. Eine Minderheit, die legitime Kritik an den Zuständen geäußert hat, wurde diffamiert, rechtlich allein und gesellschaftlich isoliert zurückgelassen, was deren Angst befeuerte, die Politik könne autoritär werden. Aus *social distancing* – das eigentlich als *physical distancing* gedacht wurde – wurde eine tiefe soziale Spaltung. Doch nicht nur das: Eine herrschende Meinung zu Corona wurde installiert, Widerspruch zwecklos, Diskurs nicht gewünscht! Wie konnte das demokratische Geschehen so verrutschen?

Schauen wir zur Illustration dieses gesellschaftlichen Tatbestands zunächst auf das Versagen von drei der wichtigsten staatlichen Teil- bzw. Subsysteme: die Gerichtsbarkeit, die Medien und die Universitäten. Alle drei sind *systemrelevant* für eine Demokratie. Fangen wir mit dem Versagen von Justitia an, der heiligen, der dritten Gewalt, Garant der Gewaltenteilung in einer Demokratie. Oberverwaltungsgerichtssenate wurden abserviert, Staatsanwaltschaften beschlagnahmten die Computer von Richter:innen (sic!), ebenso hatten Staatsanwaltschaften – rechtswidrig – Zugriff auf die Daten der Corona-Warn-App. Die Verwaltungsgerichtsbarkeit wurde durch evasiv gedehnte Floskelsätze im Infektionsschutzgesetz de facto ausgehebelt. Gerichtsurteile flüchteten sich in Folgeabschätzungen statt inhaltliche Bewertungen von Sachverhalten, eine ganze Bürgerschaft stand auf einmal ohne Rechtsschutz da. Klagen stapelten sich bis hoch zum Verfassungsgericht, das indes vorzog, lange, zu lange zur Aushöhlung von Rechtsstaat und Verfassung zu schweigen, nur um am Ende persilscheinartig mit seinem Urteil vom 19. November 2021[3] alle, aber auch alle Maßnahmen, die im Rahmen der Bundesnotbremse beschlossen wurden, ex post zu legitimieren, worüber sich dann einer, nur ein (!) wackerer Journalist empörte: Heribert Prantl.

Alle, denen diese flüchtigen Sätze in diesem kurzen Essay hier nicht ausreichen, um meinen Punkt zu untermauern, verweise ich auf Dutzende von Schriftsätzen der engagierten Mainzer Rechtsanwältin Jessica Hamed, die auf ihrer Webseite öffentlich zugänglich sind und die seit Pandemie-Beginn kein Verfahren, keine Klage gescheut hat, um das langsame Absacken von Verfahrenssicherheit und mithin Rechtsstaatlichkeit prozedural zu beanstanden. Man könnte den ganzen Essay allein mit Beispielen füllen.

Zumindest temporär waren wir damit in einem Zustand gelandet, in dem Not kein Gebot mehr kannte; in dem mit Blick auf die Coronakrise der Ermessensspielraum regierte; in dem es in den Worten des neuen Kanzlers Olaf Scholz keine »roten Linien« mehr gab. Wirklich nicht? Wer zieht noch welche Grenzen, wenn es keine Grenzen mehr gibt? Wer einmal die Tragweite von Artikel 104 GG erfasst hat, nämlich wie schwer es ist, einer Person ihre Freiheit zu entziehen, also rechtlich zu entmündigen, ganz abgesehen davon, dass dies immer nur einzelfallbezogen geschehen darf, konnte über diese Entmündigung einer ganzen Gesellschaft nur noch den Kopf schütteln. Aber Aufschrei

---

3 https://www.bundesverfassungsgericht.de/SharedDocs/Entscheidungen/DE/2021/11/rs20211119_1bvr078121.html.

oder gar Protest im Bürgertum blieben aus. Dabei hat die dritte Gewalt doch genau *diesen* Zweck, nämlich das geltende Recht zu verteidigen, anstatt die Außerkraftsetzung des Rechts zu legitimieren. Die Gewaltenteilung – zentrales Element jeder Demokratie – aber war über Monate außer Kraft gesetzt. Es ist gut, dass mit Jahresbeginn 2022 einige Gerichte wieder aufzuwachen scheinen und Klagen gegen absurde Eindämmungsmaßnahmen stattgaben, die wachsamen Jurist:innen schon lange wegen Verfassungswidrigkeit ein Dorn im Auge sind.

Doch es geht nicht nur um die Gerichte. Ebenso sind die Medien ihrer Aufgabe als sogenannte vierte Gewalt im Staate nicht nachgekommen. Als solche ist es ihre zentrale Aufgabe, die Politik der Regierung stets kritisch zu hinterfragen, Widersprüche oder Verheimlichungen aufzudecken, das Pro und Contra abzuwägen, kurz: einen Diskurs zu organisieren und zu moderieren. Genau das haben sie nicht getan. Eine freie Presse braucht keine »Faktenchecker«, sondern viele und unterschiedliche Blickwinkel über ein Thema, gute Analysen, Kontextualisierungen, differenzierte Einordnungen und Wertungen. Aus dem Potpourri einer pluralen Presse entsteht dann ein Bild beziehungsweise kann sich jede:r Leser:in eines machen. Bei der Einführung des Euro zum Beispiel hatte die *FAZ* in den 1990er Jahren eine kritische, fast abwehrende Haltung der europäischen Währung gegenüber. Jedes reale Problem auf dem Weg zur Währungsunion wurde zum politischen Drama stilisiert. *Die ZEIT* hingegen begann etwa zwei Jahre vor der Euro-Einführung eine Artikelserie mit dem Titel »Noch 99 Wochen bis zum Euro« mit einer positiven Grundstimmung. Und jeden Donnerstag konnte man da-

rin lesen, wie die Probleme auf dem Weg zur Währungsunion, die die *FAZ* gestern noch gefunden hatte, morgen
gelöst werden könnten. Vier Ökonomen hatten fünf Meinungen. Es war die ganze Zeit die gleiche Währungsunion:
Welche der beiden Zeitungen die »richtigen Fakten« hatte,
hing vom Standpunkt des Lesers ab. Niemand wäre auf die
Idee gekommen, entweder der *FAZ* oder der *ZEIT* ten-
denziöse Berichterstattung vorzuwerfen oder »Fakten« zu
checken. Wer beide Zeitungen parallel las, konnte sich ein
ausgewogenes Bild von der Währungsunion machen. Genau diese plurale Medienlandschaft hat, von wenigen Aus-
nahmen abgesehen – wie etwa der *Berliner Zeitung*, dem
Freitag oder teilweise der *WELT* – während der Coronakrise gefehlt.

Während sich Autor:innen klassischer Printmedien dazu
haben hinreißen lassen, davon zu sprechen, der Corona-
Diskurs müsse von »Falschmeinungen *gekärchert*« (!) werden – ja, auch im Sprachgebrauch sind wir tief gefallen! –,
sind diejenigen, die mit anderen Augen auf das Krisengeschehen schauen wollten, in die sogenannten alternativen
Medien abgewandert. Beziehungsweise wurden dahin ab-
gedrängt. Fortan war die Corona-Berichterstattung gespalten, die Debatte polarisiert. Auf einmal gab es gute Medien
mit Wahrheiten und alternative Medien mit Unwahrhei-
ten. So einfach war die Welt!

Professionelle Agenturen wie etwa »Correctiv« oder der
»Faktenchecker der ARD« hatten während der Corona-Berichterstattung eher den *Haut Goût* eines Wächterrates à
la Iran, nämlich die Anmaßung, eine *Wahrheit* zu haben;
und aus dieser Anmaßung heraus das Recht, Artikel aus-
zusondern, wegen fehlerhafter Petitessen (zum Beispiel

einer falschen Zahl hinter dem Komma) ganze Argumentationsketten zu verwerfen, Autor:innen moralisch oder persönlich zu diskreditieren, gar Beiträge zu löschen und den Verfasser:innen verwerfliche Absichten oder eine *»false balance«* zu unterstellen, anstatt den Fehler zu korrigieren, aber den Einwand ernst zu nehmen, wie man das in einem normalen Diskurs tut. Twitter, YouTube & Co. säuberten fleißig mit. Dass der Begriff der *»false balance«* sich schon allein dadurch diskreditiert, dass ein Artikel kein Balanceakt ist, sondern die Ausleuchtung eines Themas von einem gewissen Standpunkt aus, soll hier nur am Rande erwähnt werden. Jedes Faktum sieht von einer anderen Seite, mit anderen Augen beleuchtet anders aus. Aus gutem Grund holt man sich bei schweren medizinischen Entscheidungen, zum Beispiel einem operativen Eingriff, häufig eine zweite Meinung. Nicht umsonst schauen meistens drei Ärzt:innen auf ein Röntgenbild. Der eine sieht, was der andere nicht sieht, und objektiv ist gar nichts.

Das gilt nicht nur für Fakten, sondern auch für Zahlen oder Statistiken. Eine Statistik, so der berühmte Soziologe Niklas Luhmann, ist zunächst einmal eine selbstgeschaffene Wirklichkeit, die dann interpretiert wird. Jemand sammelt Zahlen, trifft dabei notwendigerweise eine Auswahl, was gezählt wird und was nicht, und setzt diese Zahlen nach einem bestimmten System zusammen. Das ist ein sehr hilfreicher Erkenntnisgewinn, aber noch lange keine objektive oder unumstößliche Wahrheit. Eine Zahl sagt erst einmal nichts aus, wenn man nicht weiß, wie sie zustande gekommen ist, was ausgelassen wurde oder was der Referenzwert ist. Das gilt für die Anzahl von Antigentests ebenso wie für »volllaufende Intensivstationen« oder Corona-Tote.

Da ich den Tatbestand einer tendenziösen Berichterstattung aus Platzgründen hier auch nicht *en détail* aufführen kann, verweise ich auf Marcus Klöckner, der in seinem großartigen Buch *Zombie-Journalismus* minutiös die Corona-Berichterstattung der deutschen Leitmedien untersucht und gewissermaßen den »Faktenchecker«-Spieß umgedreht hat: Chronologisch untersucht er, anhand einer Unmenge von Beispielen, über zwei Jahre den »Wahrheitsgehalt« der Corona-Berichterstattung der deutschen Printmedien und die *false balance* von Interviewern in Radio und Fernsehen.

Möglichkeiten, hartnäckige Nachfragen zu stellen, hätte es nämlich für die Medien in den letzten zwei Jahren von April 2020 bis heute an vielen Stellen gegeben: zur Tauglichkeit des PCR-Tests; der Zählung der Corona-Toten (was heißt »*an und mit*«?); zur bis heute fehlenden, verlässlichen Kohortenstudie; zur Reduzierung der Zahl der Intensivbetten und dem DIVI-Skandal vom Juni 2020, der auf eine *SPIEGEL*-Titelseite gehört hätte; zu der für das Jahr 2020 zunächst festgestellten Untersterblichkeit in Deutschland (die erst später korrigiert wurde); zur relativen *performance* des schwedischen Weges;[4] oder zur spätestens seit Januar 2021 bekannten Tatsache, dass sogenannte *non-medidal measures* – also Lockdowns – keinen signifikanten Einfluss auf das Infektionsgeschehen haben.

Doch kaum eine dieser kritischen Fragen wurde in ARD, ZDF oder DLF und den anderen öffentlich-rechtlichen Rundfunkanstalten oder den Print-Leitmedien gestellt. Deren einzige Frage an die Politik war meist die nach *härteren*

---

4 Per capita verzeichnen etwa Bayern mit sehr harten Maßnahmen und Schweden mit einer sehr liberalen Attitüde 2020/ 2021 etwa die gleichen Todeszahlen.

Maßnahmen[5]. Klöckner fördert endlose Fehlprognosen zutage (legendär Christian Drosten Ostern 2021 über Afrika mit der Warnung: »Zwischen Juli und August werden wir Bilder sehen, die wir sonst nur aus Kinofilmen kennen«) In einem kunterbunten Durcheinander wurde vom RKI heute behauptet, was morgen schon wieder vergessen war. Systematische Irreführung mit widersprüchlichen Informationen ist übrigens eine CIA-Methode bei Verhören.

Ganz zu schweigen von den Unterschlagungen in den Leitmedien. Offenbar nichts von dem, was jeden aufmerksamen Beobachter des Pandemiegeschehens zumindest stutzig machte, war ihnen investigativen Journalismus wert: Die auffällige Änderung der Definitionen, was eine Pandemie und was ein Impfstoff ist, auf den Referenzseiten der WHO (»Machtverhältnisse sind Definitionsverhältnisse«, sagte einst der Soziologe Ulrich Beck); die Verstrickungen internationaler Stiftungen mit der globalen *Governance* im Gesundheitssystem; später dann fast keine Berichterstattung über die teilweise wochenlangen Anti-Maßnahmen-Demos in Italien mit hunderttausenden Teilnehmern noch über Quarantäne-Camps in Australien; keine Reportage über die Machenschaften von Pfizer und die sehr wahrscheinlich gefälschte oder zumindest unsauber gearbeitete klinische Studie, die der Schnellzulassung des BioNTech-Pfizer Impfstoffes durch die EMA zugrunde liegt.[6] Und so

---

5 So auch eine von der Rudolf-Augstein-Stiftung in Auftrag gegebene und im November 2021 erschienene Studie: https://rudolf-augstein-stiftung.de/wp-content/uploads/2021/11/Studie-einseitig-unkritisch-regierungsnah-reinemann-rudolf-augstein-stiftung.pdf.

6 Das renommierte British Medical Journal hat darum inzwischen die Herausgabe der Rohdaten durch die Impfstoffhersteller angemahnt.

weiter und so fort. Um nur die Spitze des Eisberges anzutippen. Aus einer *false balance* wurde ein Informationskrieg.

Stattdessen durfte Bill Gates ganze sieben Minuten zur *prime time* im deutschen Fernsehen sprechen, ein Slot, der normalerweise nicht einmal dem Bundespräsidenten zuteil wird. Man wird die nächsten zehn Jahre Seminare in Kommunikations- und Medienwissenschaften damit füllen können, um zu analysieren, was hier passiert ist, und hoffentlich ein paar kluge Doktorarbeiten dazu schreiben, denn ein »Staatsfernsehen« ist mit einer Demokratie eigentlich unvereinbar.

Über zwei Jahre haben sich die Leitmedien also im Wesentlichen damit hervorgetan, das Krisengeschehen einseitig zu beleuchten, Panik medial zu befördern und mithin Angst zu schüren. In einem abenteuerlichen Durcheinander jagte über zwei Jahre eine Statistik – meist auch noch in *absoluten* Zahlen vorgetragen! – oder Kurve über Inzidenzen, Intensivbetten und Verstorbene die andere, geriet jede Verhältnismäßigkeit und Logik aus dem Blickfeld. Dazu übergroße Bilder von Viren mit stacheligen Armen in der Signalfarbe rosa, wie in einem gruseligen Animationsfilm, Bilder aus Bergamo mit nächtlichen Militärkonvois mit Särgen oder von Gabelstaplern in New York, die Leichen wegschaffen;[7] oder von permanent »volllaufenden Intensivstationen«.

---

7 Jede Kontextualisierung der Bilder unterblieb, etwa, dass der vielfach zitierte Militärkonvoi in Bergamo nur einmal und nicht jede Nacht gefahren ist; oder dass die Gabelstapler in New York nicht buchstäblich »haufenweise« Leichen beiseiteräumten (wie die Bilder insinuierten), sondern der Gabelstapler notwendig war, weil man sonst über 100 Kilo schwere Leichen – in den USA waren viele Übergewichtige die Opfer der ersten Welle – nach der Leichenstarre nicht mehr bewegen kann. Ein bisschen mehr Sachlichkeit hätte den Bildern den Schrecken

Die Macht der Bilder hypnotisierte und führte – absichtlich oder unabsichtlich? – zur Gleichsetzung von abstraktem Risiko und konkreter Gefahr. Anders formuliert, die Bilder suggerierten, jede:r könne gleichermaßen von Corona betroffen sein und morgen der Notstand in der eigenen Straße ankommen – was nach allen vorliegenden Zahlen schlichtweg nicht stimmte. Bald kannte sich niemand mehr aus: Welche Zahlen, welche Maßnahmen, welche Verbote gerade aufgrund welcher wissenschaftlichen Studie wo galten, war zu einem undurchschaubaren, meist willkürlichen Dickicht geworden, und wer nachfragte, bekam meist zur Antwort, das *muss halt jetzt so sein*, wir müssen Leben retten. Die unbedingte Lebensrettung war der moralische Imperativ, dem kein Vernunftargument beikommen konnte.

So wurde systematisch aus einer abstrakten Gefahr ein konkretes Risiko für *jede:n* gemacht. Tappten im Frühjahr 2020 zunächst alle im Dunklen und war Vorsicht geboten, so wurde seit Juni 2020, also nach der ersten Welle, langsam sichtbar, dass diese Generalisierung einfach nicht stimmte. Dies erhärtete sich spätestens, als die Jahresstatistiken für 2020 vorlagen. Seitdem weiß man eigentlich: Das Virus kommt in etwa gleichmäßigen Wellen, nicht in exponentiellen Schüben; es wütet vor allem in umgrenzten Räumen beziehungsweise Clustern, also Altenheimen oder Schlachthöfen, nicht etwa auf Spielplätzen oder bei

---

genommen, vor allem aber die unmittelbare Vergleichbarkeit *(»das kann hier/ mir auch passieren«)* nehmen können. Eine Überlastung der Intensivstationen wiederum hat es in Deutschland zu keinem Zeitpunkt gegeben, auch wenn punktuell Patienten verlegt werden mussten; ebenso wenig gab es Triage, was den *SPIEGEL* wiederum nicht davon abhielt, dieses Thema noch im Dezember 2021 auf die Titelseite zu bringen. Angst verkauft sich eben gut …

Demonstrationen im Freien; und die Letalität des Virus liegt seit Pandemie-Beginn global unverändert bei etwa 0,15 Prozent. Corona ist damit etwa 1,5-mal bis 3,6-mal ansteckender und im Verlauf teilweise gefährlicher als die Grippe. Von Anfang an gab es vulnerable Gruppen, vor allem ältere Menschen ab 65, insbesondere diejenigen über 80, dazu multiple Vorerkrankte, speziell an Adipositas oder Diabetes mellitus erkrankte Personen. Statistisch besehen ist die Todesrate für Personen unter 60 Jahren, vor allem aber unter 45 Jahren nicht signifikant.[8] Das wiederum hat sich von Delta zu Omikron nur unwesentlich geändert. Kinder sind am wenigsten gefährdet. 2020 starben mehr deutsche Kinder in Swimmingpools als an Corona, während die Kliniken für Kinder- und Jugendpsychiatrien nicht mehr ein noch aus wussten. Die spanische Zeitung El Pais sprach zu Jahresende 2021 sogar von der »Pandemie der Suizide«.

Wie konnte es bei dieser Datenlage passieren, dass sich ein Diskurs über Maßnahmen quasi verselbstständigte, dass stets neue, immer härtere Maßnahmen gefordert wur-

---

8 Laut Statista sind seit Beginn der Pandemie (Stand 28. Oktober 2021) in Deutschland 95 485 Menschen »im Zusammenhang mit Corona« gestorben, wobei eine Übersterblichkeit für das Jahr 2020 nicht festgestellt werden konnte. Von diesen 95 485 Toten entfallen 4 692 in die Altersgruppe unter 60 Jahre. Zum Vergleich: Im Jahr 2020 und bis einschließlich August 2021 gab es in Deutschland 4 355 Verkehrstote. Die Zahl der im Zusammenhang mit Corona Gestorbenen in der Altersgruppe der 0-60-Jährigen entspricht also in etwa den Verkehrstoten in einem vergleichbaren Zeitraum. In der Altersgruppe der 0-50-Jährigen starben seit Beginn der Pandemie 1 287 Menschen in Zusammenhang mit Corona. Im Jahr 2019 gab es in dieser Altersgruppe 2 778 Suizide. Allein im Prä-Pandemiejahr 2019 gab es in der Altersgruppe der 0-50-Jährigen also mehr als doppelt so viele Tote durch Suizid wie in eineinhalb Jahren Pandemie im Zusammenhang mit Corona. Kurz: Für Personen unter 60 Jahren gab es von Delta bis Omikron kein statistisch signifikantes Sterberisiko.

den, über Weihnachten 2021 gerade wieder aufgrund von Omikron? Und wie konnte es passieren, dass man nach zwei Jahren Pandemie bei dieser Datenlage bei der Forderung nach einer allgemeinen Impfpflicht, einer Kinderimpfung ab fünf Jahren und einer menschenverachtenden Sprache für Nicht-Geimpfte gelandet ist, die mit der tatsächlichen Gefährdungssituation nicht korreliert? Seit Mitte, spätestens Ende 2020 hatten die Maßnahmen mit wissenschaftlicher Begründung also nichts mehr zu tun, eher im Gegenteil.

Dem Gefälligkeits- oder Panikjournalismus, der das mitzuverantworten hat, standen diejenigen Journalist:innen gegenüber, die entweder gefeuert oder in die Besenkammer verbannt wurden. Eine befreundete Journalistin von Ö1 in Österreich muss seit einem Interview mit einem kritischen Virologen im April 2020 jeden ihrer Beiträge von der Chefredaktion »absegnen« lassen, was ihr in 30 Jahren Berufstätigkeit noch nie passiert ist. Nach einem kritischen Beitrag zu Corona von ARTE/ NDR vom Oktober 2020, an dem ich mitgewirkt hatte, soll es in der Intendanz »geknallt« haben, der Beitrag wurde rasch aus der Mediathek entfernt. Überhaupt wurde auch bei öffentlich-rechtlichen Anstalten munter nachzensiert, etwa wenn beim SWR ein Kinderarzt zu impfkritisch oder eine *Comedian* zu freimütig die Absurditäten und Widersprüche des pandemischen Geschehens auseinandernahm. Dabei ist *Über-sich-selbst-lachen*-Können immer noch das beste Mittel zur Selbstdistanz und Satire in Demokratien darum von unschätzbarem Wert. Sonst landet man schnell in einem gesellschaftlichen Puritanismus. Ein freier Mitarbeiter und Freund von mir beim österreichischen *STANDARD* wiederum wurde nach einem differenzierten Artikel zur Impfung mit vielen Referenzen, der zunächst *gelöscht* wurde, gekündigt. Dieses »Kärchern« unliebsamer Artikel fand in genau jenen Leitmedien statt, die sich sonst überbieten mit Berichterstattung über unfreie Medien etwa in der Türkei oder über die Entlassung von Deniz Yücel aus türkischer Haft. Wieso fällt der *double blind* niemandem auf? Auch wenn hier (noch) niemand verhaftet wird: das Land verlassen haben schon einige Journalist:innen, die ich persönlich kenne. Haben Zeitungen neuerdings Angst davor, Leser:innen könnten differenzierte Informationen selbst gewichten und mit gesundem Menschenverstand bewerten? Ein befreundeter Journalist beim ZDF erzählte, er bekomme seit Monaten keine aufgearbeiteten Daten in die Sendung, in denen die Zahlen des RKI oder des DIVI-Zentralregisters zur Bettenbelegung kritisch hinterfragt würden. Als Alice Weidel einmal im Deutschlandfunk interviewt wurde, ging es anschließend nicht etwa darum, was sie inhaltlich zu Corona gesagt hatte, sondern der hausinterne Skandal gerierte sich nur darüber, ob sie *hart genug* befragt wurde.

Kurz: Sprecher und Argument wurden über lange Strecken in Deutschland nicht mehr getrennt (eigentlich das kleine Einmaleins des »herrschaftsfreien Diskurses« von Jürgen Habermas). Ich könnte die rund 180 000 Zeichen dieses Essays, die mir zur Verfügung stehen, wiederum allein mit Beispielen füllen für die monströse Beschädigung der freien Presse in diesem Lande und Europa, und zwar in einem Ausmaß, wie ich es noch nie erlebt habe. Was nicht gewünscht wurde, wurde nicht mehr gedruckt. Auf einmal war auch die Kunst – siehe die Reaktionen auf die Video-Clips von #allesdichtmachen im April 2021 – nicht mehr frei, mit dem Argument, es sei *schlechte* Kunst gewesen. Wer entscheidet denn hierzulande darüber, ob Kunst gut oder schlecht ist?

The empire strikes back. Je unsicherer sich ein System fühlt, desto mehr muss es denen Daumenschrauben anlegen, die seine Deutungshoheit hinterfragen. Jeder, der während der Coronakrise den Finger gehoben und einen Raum für legitime Kritik eingefordert hat, hat es gemerkt: Es wehte ein anderer Wind und der war zumindest vorübergehend, bevor jetzt mit Jahresbeginn 2022 langsam diskursives Tauwetter einsetzt, kühl bis eisig. Im medialen Coronageschehen gab es die Helden (»Faktenchecker«) und die Anti-Helden (»Schwurbler«) und dazwischen nichts. Die Neutralisierung der Kritik aber ist phänotypisch für Diktaturen, nicht für Demokratien.

Die Universitäten dürfen bei dieser Betrachtung als weiteres gesellschaftliches Subsystem, das versagt hat, nicht ausgelassen werden. Auch sie haben als Stätten des kritischen Denkens, der Einordnung des Zeitgeschehens und der Moderation eines gesellschaftlichen Diskurses nicht funktioniert. Nicht, dass nicht zu Corona geforscht und geschrieben wurde. Weltweit sind inzwischen rund 200 000 Studien meist naturwissenschaftliche beziehungsweise klinische zu den Risiken des Virus erschienen. Die Literatur ist nachgerade unübersichtlich geworden, sodass heute fast alles und sein Gegenteil wissenschaftlich oder empirisch unterfüttert werden kann: die Gefahr für die vulnerablen Gruppen und Ältere, der Beleg für die Wirksamkeit von Lockdowns und ihre Unwirksamkeit, der Schutz oder die Gefahr durch die Impfung. Tausende von Studien haben wir uns wie Torten in Slapstick-Komödien um die Ohren gehauen, und wer wiederum welcher Studie Glauben schenkte, dazu gleich mehr im zweiten Teil.

Die *kritischen* Bücher zu Corona aber stammen fast *unisono* von Personen, die nicht in einem universitären Subsystem verfangen waren, die also – sei es, dass sie ihr Geld anderweitig verdienen, in Rente sind oder keine Karriere mehr machen müssen – *nicht systemabhängig* sind. Und diese Bücher wiederum, von denen einige über Wochen *SPIEGEL*-Bestseller waren, wurden von den Universitäten nicht ernst genommen und in den Leitmedien einfach nicht rezensiert. *Ignorance is worse than critics!* Im zweiten Teil werden wir analysieren, warum Wirklichkeit nur das ist, worüber man gemeinsam reden kann. Worüber nicht geredet wird, das findet auch nicht statt!

Parallel dazu wurden ganze Wagenladungen von Professor:innen, die mit der herrschenden Doxa nicht konform gingen (etwa der Mathematiker Stephan Luckhaus aus der Leopoldina oder der Philosoph Christoph Lütge aus dem bayerischen Ethikrat und viele andere mehr) von diversen offiziellen Beratungsfunktion in der »Corona-Expertokratie« entbunden, vulgo: *geschasst!* Die gesamte bürgerliche Mitte, die den Finger im Widerspruch hob, wurde abgeräumt, während sich eine Art »Räte-Republik« etablierte, etwa der Ministerpräsidentenrat, der zumindest kein Verfassungsorgan ist.

Der gesamte offizielle Wissenschaftsbetrieb hat sich weggeduckt. Die *freie* Wissenschaft öffentlich verteidigt hat weder die DFG noch der DAAD noch irgendeine andere der ansonsten honorigen deutschen Wissenschaftsinstitutionen. Kein Wort, das in ganz Europa kritische Virolog:innen, darunter Nobelpreisträger:innen, von Beginn der Krise an vom Diskurs aussortiert wurden wie die Erbsen bei Aschenputtel: die Guten ins Töpfchen, die Schlechten ins Kröpfchen. Diejenigen Professor:innen, die zu Corona öffentlich gesprochen haben, haben sich fast unisono nicht *kritisch*, sondern *maßnahmen-legitimierend* geäußert. Als Expert:innen mit medialem Gewicht und professoraler Autorität haben sie also ein geltendes Narrativ zementiert und mithin systemverstärkend gewirkt: Wo alles erlaubt, ja, Gebot ist im Namen der »Lebensrettung«, muss auch alles rechtfertigt werden können!

Die Maske ist ein *Zivilisationsgewinn*, tönte es da pathetisch aus berufenem Soziologenmund im Frühjahr 2020. *Temporär notwendig* reichte offenbar nicht. Oder, auf dem Höhepunkt der Schelte gegen Nicht-Geimpfte im Herbst 2021, war aus dem Munde eines deutschen Soziologen zu hören, es sei schade, dass man Nicht-Geimpfte nicht nach *Madagaskar verfrachten* könne. Diese Einlassung wäre schon wegen ihrer schlichten Menschenverachtung zurückzuweisen gewesen, wollte man nicht noch geltend machen, dass dies nicht wirklich eine akademische Sprache ist. Fraglich bleibt, ob der Autor des Satzes gewusst hat, dass auch die Nazis die Juden nach *Madagaskar verfrachten* wollten. Falls ja, könnte man ihm *rechte* Gesinnung unterstellen, denn sonst hätten es ja Grönland, Island oder die Malediven als Inselbeispiele auch getan. Oder es wurde die Mär vom »Präventionsparadox« erzählt (»*weil wir Lockdown machen, kommen wir glimpflich durch die Pandemie*«), und zwar auch noch, als, wie schon erwähnt, die Wirksamkeit von Lockdowns ab Sommer 2020 schon widerlegt war. Wenn also *geschwurbelt* wurde, dann von offizieller Seite.

Das alles erinnerte fatal an jenes Elefantenbeispiel, dass der berühmte Kommunikationsexperte Paul Watzlawick, auf den wir im zweiten Teil noch ausführlicher zu sprechen kommen werden, für paradoxe Wahrnehmungen bemüht. Ein Mann klatscht alle paar Sekunden in die Hände. *Was machen Sie denn da?*, fragen die Umstehenden. *Ich verjage den Elefanten,* sagt der Mann. *Aber es ist doch gar kein Elefant da*, antworten die anderen. *Genau, weil ich ja klatsche,* antwortet der Mann.

Der institutionalisierte Wissenschaftsapparat verteidigte das RKI und Co., also nicht etwa die *freie* Wissenschaft, sondern *die* Wissenschaft im Singular, die das Pandemiegeschehen so sieht und nicht anders.[9] Dass Wissenschaft immer nur ein Diskurs ist und es immer eine »herrschende« und eine Minderheitenmeinung gibt, wurde auch vorübergehend vergessen. Dass in ganz Europa die (teilweise verzweifelte) Ärzteschaft gegängelt und – nach der Schließung der Impfzentren – Impfdruck auf Praxen ausgeübt wurde; oder dass in Österreich impfkritische Mediziner der Universität Wien-Med verwiesen wurden, hat sich inzwischen herumgesprochen; in Frankreich ging das bis hin zu einem *Décret* vom Juli 2021, dass Ärzt:innen, die nicht impfen wollen, die Zulassung entzogen werden kann. *Adieu*, hippokratischer Eid!

---

9 Etwa als prominente »Corona-Wissenschaftler« wie Viola Priesemann und viele andere, die häufig zu Corona öffentlich das Wort ergriffen hatten, zu Jahresende 2021 von der *BILD*-Zeitung als »verantwortlich für die Maßnahmen« angegriffen wurden, und zwar mit einem Schreiben, das geschickt offenlässt, ob man die Wissenschaftsorganisationen allgemein vor die *freie* Wissenschaft stellt (wichtig und richtig!); oder ob sie sich vor *diese* Wissenschaftler und ihre Meinung zu Corona stellen (tendenziös und problematisch). Leider klang der Brief sehr nach Letzterem.

Dass die universitäre oder offizielle *Expertokratie* von Ethikrat & Co. die Empfindlichkeiten in der Bevölkerung nicht ansatzweise differenziert abgebildet hat? Schwamm drüber! Wenn die Expert:innen *alias* Universitätsprofessor:innen das sagen, dann muss es schon stimmen. Selten wurde diskurstechnisch eine meritokratische und formal gebildete Elite (Personen, die meist nicht unter den Maßnahmen gelitten und zum Beispiel ihre Existenz verloren haben) so sehr gegen das sogenannte einfache Volk gestellt (das geprellt, um nicht zu sagen: nachgerade geschädigt wurde!). Und das sich weder wehren noch artikulieren konnte, fast notwendigerweise in alternative Medien flüchtete, in die Gleichgültigkeit abtauchte – oder sich (leider!) radikalisierte. Jeder, der während der Coronakrise mit einem Handwerker, Taxifahrer, Winzer oder Bäcker gesprochen hat, weiß das. Da ist es dann bequem, diejenigen Volksstimmen, die auf der Straße waren, als wahlweise rechts oder radikalisierten Rand abzutun. Selten wurde über einen Diskurs so viel strukturelle Macht – um nicht zu sagen: Gewalt! – einer meritokratischen Elite ausgeübt wie in den letzten zwei Jahren. Der Corona-Diskurs war insofern gleichsam die elitäre Begleitmusik zur parallel unter der Oberfläche stattfindenden Refeudalisierung der Gesellschaft, der fast obszönen Bereicherung der oberen Klasse und der Krisenprofiteure: Wer erinnert sich noch an die Geldschiebereien im Zuge des Maskenskandals im Frühjahr 2021? Allein Deutschland verzeichnet heute 70 000 Millionäre mehr als vor Corona. Kurz: Es gab beziehungsweise gibt einen nie dagewesenen Extremismus der bürgerlichen Mitte!

Linientreue beweist sich in der Kurve, heißt ein altmarxistischer Spruch, dessen christliche Version der Petrus-Verrat ist, bevor der Hahn dreimal kräht. Wenn ein ganzes System abbiegt, biegen eben alle mit ab. Ohnmacht oder Gleichgültigkeit, Konformitätsdruck oder mangelnder Mut: aus unzähligen sozialwissenschaftlichen, psychologischen oder neurologischen Forschungen weiß man, dass die Wenigsten sich gegen eine Mehrheitsmeinung stellen. Lieber hält man den Mund und sagt, was die anderen denken – oder hören wollen! Zunächst, weil man nicht der Dumme sein will; später, weil es meistens gefährlich wird. Die Geschichtswissenschaft hingegen kennt viele Momente historischer Weggabelungen, um darzulegen, dass – im Nachhinein betrachtet – die Mehrheit selten recht hat. Eigentlich ist die gesamte Menschheitsgeschichte, objektiv betrachtet, nicht viel mehr als eine Erzählung darüber, dass sich die Mehrheit ständig verläuft und es dann bereut. Eine Wahrheit braucht keine Mehrheit und eine Mehrheit allein ist kein Argument.

»Die Intellektuellen verraten ihr Amt im Namen der Ordnung«, schrieb 1927 wütend der Franzose Julien Benda, als sich damals abzeichnete, wie vermeintlichen Geistesgrößen dem autoritär-faschistoiden Sog von Moral und Pflicht nicht standhalten konnten, ja, ihm nachgerade verfielen, anstatt dagegen anzuschreiben.

Alle die – und das waren viele –, die in den vergangenen Monaten im Namen der *Wahrheit* dem Volkssport der »Diskurs-Säuberung« verfallen sind, seien kurz daran erinnert, dass selbst die Lüge in einer Demokratie erlaubt und die systemische Antwort der Demokratie die Entlarvung der Lüge, nicht das Löschen von YouTube-Clips oder die Beschlagnahmung von Computern ist. Würde man im politischen Betrieb bei allen Lügen so verfahren, dann müsste man wahrscheinlich im halben Bundestag oder den hiesigen Parteizentralen einen Großteil der Computer beschlagnahmen: Was ist den letzten Monaten – CumEx-Skandal, Wirecard oder Maut-Affäre – nicht gelogen worden, dass sich die Balken biegen?

Wie konnte ein gesamtes System, eine ganze Gesellschaft so kopflos, ja, mit dem Nimbus der *Vernunft* im Handumdrehen so *irrational* werden? Wie konnte es infolgedessen passieren, dass in der vorerst letzten Phase der politischen Auseinandersetzung in Sachen Corona die Impfpflicht offiziell noch um jeden Preis durchgesetzt werden soll, während hinter den politischen Kulissen die ersten offenbar schon daran arbeiten, den überdrehten Corona-Flieger zum Landen zu bringen? Aber bitte so, dass man das Beidrehen nicht zu sehr merkt … In keinem anderen Politikbereich, zum Beispiel bei der Energiesicherheit, setzt man alles auf eine Karte, beispielsweise auf russisches Gas. Im Gegenteil, Diversifizierung ist immer die demokratische Lösung. Das würde einem auch jeder Anlageberater mit Blick auf das Aktien-Portfolio raten. Nur in der Coronadebatte soll das nicht stimmen?

Lange Monate durfte überhaupt nicht hinterfragt werden, was wir tun und ob es wirklich *gut & richtig* ist. Inzwischen – zu Jahresbeginn 2022 – muss man mit *rationalen Argumenten* gegen *offensichtliche Absurditäten* der Coronamaßnahmen andiskutieren, zum Beispiel, dass über Nacht ein eben noch gepriesener Impfstoff einfach nicht mehr als solcher gilt. Andererseits führt inzwischen sogar der bayrische Corona-Falke Markus Söder das Wort *Lockerung* im Mund. Wie also zum Grundsatz der Verhältnismäßigkeit zurückkommen, den Imperativ der Lebensrettung hinterfragen, ohne des Zynismus bezichtigt zu werden? Und – wenn es schon um Wissenschaft geht – unseren Verstand gebrauchen, nüchtern auf die Zahlen schauen und diese ausdifferenzieren, anstatt die Wissenschaft zur Religion zu erheben, aus ihr eine einzig gültige *Wahrheit* abzuleiten, um dann aus dieser *Wahrheit* noch eine verabsolutierte, politische Handlungsanleitung zu machen? Können wir der augenblicklichen Verselbstständigung des politischen Prozesses in Sachen Corona noch einen Stock in die Räder schleudern, damit nicht alles in einem Debakel endet?

Rückblickend muss man feststellen, dass der gesamte Corona-Diskurs fast lehrbuchartig nach den einschlägigen Propaganda-Mechanismen funktioniert hat, wie man es besser nicht hätte organisieren können und die etwa der Amerikaner Edward Bernays oder der französische Soziologe Jacques Ellul in seinem Buch *Propaganda. Wie eine öffentliche Meinung entsteht und geformt wird* von 1962 eindrücklich beschreiben. Da die Umstellung auf einen fast exklusiv Corona gewidmeten Diskurs global und fast gleichzeitig passierte, kann man wohl von medialer Gleichschaltung sprechen, freiwillig versteht sich, nicht auf Knopfdruck. Es ging eher um einen medialen Über-bietungswettbewerb, wer die meisten, die schlimmsten Berichte über Corona hatte. Ganz so, als hätte eine zugleich gelangweilte und sensationssüchtige Welt auf ein Weltdrama gewartet, an dem sie sich ergötzen kann. Vor allem aber ein Drama, bei dem man gemeinsam in die Hände spucken kann, anstatt, wie bei den anderen globalen Katastrophen – Klimawandel, Migration, Globalisierung – eher ohnmächtig zuzuschauen. Corona hatte im Gegensatz dazu etwas Haptisches, die Politik kam in ihre Potenz. Sie konnte

Masken oder Desinfektionsmittel verteilen, Impfstrategien beschließen und vieles andere mehr, also endlich einmal wieder *konkret handeln*. Dieses völlig blinde Politik- und Institutionenvertrauen bei Corona war insofern merkwürdig, als dass es doch eigentlich eher Volkssport ist, in jeder politischen Ankündigung eine parteipolitische Kampagne in eigener Sache inklusive *message control* zu wittern.

Ellul verarbeitet in seinem Buch Erfahrungen aus dem Zweiten Weltkrieg, also die systematische Berieselung mit propagandistischer Sprache, die das gesamte Arsenal psychologischer Kriegsführung beschreibt. Es geht um systematische Verwirrung, die auch beim CIA als Methode hybrider Kriegsführung bekannt und mit Blick auf Corona perfekt gelungen ist. Es geht nach der Pawlow'schen Theorie um »Reflexkonditionierung« (zum Beispiel Virus gleich Angst); um Sigmund Freuds Theorie der Libido-Verdrängung (zum Beispiel der Kollateralschäden) sowie um Verliebtheit in die eigene Angst, die davor schützt, sich rational mit der Wirklichkeit oder den eigenen Problemen auseinanderzusetzen. Psychoanalytiker:innen bezeichnen den Corona-Diskurs darum inzwischen als dysfunktionale Beziehung, die man immer dann eingeht, wenn man etwas an sich selbst nicht wahrhaben möchte. Fast jede Frau kennt das: der tolle Mann, von dem drei Freundinnen ihr sagen, dass dieser Mann sie doch nur ausnutzt, ihr Geld nimmt oder sie ständig sitzen lässt. Aber das will sie alles nicht wahrhaben *(»morgen wird er besser«)*, weil sie sonst mit ihrer eigenen Illusion, ihrer *Ent-Täuschung* umgehen müsste. Das Aufwachen aus dysfunktionalen Beziehungen, in die man aus Angst, seine eigenen *blind spots* zu sehen, geschlittert ist, ist immer bitter. Darüber nachzudenken, was die *blind spots* der westlichen Welt sind, könnte daher Sinn machen. Wir werden es im dritten Teil tun.

Eine Erzählung über das Virus hat sich also – getrieben von Angst – von der Wirklichkeit weit entfernt, um nicht zu sagen: verselbstständigt. Die Politik muss jetzt auf die Erwartungshaltungen einer Bevölkerung reagieren, die sich aus dieser *Angst* ergibt, nicht aus den *Zahlen*. Genau das scheint immer noch das zentrale Problem: Wer Angst hat, lässt sich durch Zahlen oder Vernunft gerade *nicht* überzeugen, sondern die Angst muss auf genau dem gleichen Wege genommen werden, wie sie gekommen ist, nämlich emotional: Man erklärt einem kleinen Kind, das von einem Krokodil unter dem Bett geträumt hat, nicht, dass das Krokodil kleiner ist als befürchtet, sondern man räumt das Krokodil – also die Angst – weg. Dass dies keiner tun kann ohne das politische Eingeständnis, dass vieles von dem, was getan wurde, übertrieben war, ist jetzt das politische Problem. Der belgische Psychoanalytiker Denis Desmet führt aus, dass jenseits derer, die wirklich eine (übertriebene) Angst vor dem Virus hatten oder noch haben, der größere Teil jener zu Stoßzeiten über 80-Prozent-Mehrheit, die *für* die Maßnahmen waren oder sind, aus anderen Gründen an der Angst festhält. Einmal, weil Gutes tun so sinnstiftend ist in der *Société de Consommation* (Jean Baudrillard), in der viele nicht einmal mehr eine emotional tragfähige Beziehung (»social bond«) haben; zum anderen, weil die konkrete Angst vor Corona davon ablenkt, sich mit den latenten Ängsten – Klimawandel, Globalisierung, Migration – befassen zu müssen. Durch Corona wurde also eine zuvor in der Gesellschaft vorhandene, diffuse (und große) Angst an ein konkretes

Objekt gebunden und dadurch fassbar. Baudrillards Werk *Der symbolische Tausch und der Tod* von 1976 ist überhaupt das Buch zum Zeitgeschehen: Nach den *drei Ordnungen des Simulakrums* leben wir heute im Zeitalter der Simulation, einem gesellschaftlichen Zustand, in dem Zeichen und Wirklichkeit zunehmend ununterscheidbar werden; und in dem Werbung und Konsum immer wichtiger werden, weil das gesamtgesellschaftliche Geschehen nur noch aufrechterhalten werden kann, *wenn jeder an seinem Platz bleibt.* War nicht während Corona der Paketbote von Amazon permanent vor der Haustür?

Im Corona-Diskurs haben wir seit zwei Jahren alle von Ellul skizzierten Propagandastufen durchlaufen und ein Teil der Gesellschaft ist dadurch in einer Art kollektiven Psychose gelandet. Systematische Berieselung, permanente Wiederholung, Zahlen, die wie ein Glasperlenspiel klimperten. Unterschwellige Produktion von Angst, einerseits durch schreckliche Bilder von Intensivstationen, andererseits durch rührselige Geschichten, entweder von einsamen Alten oder Long-Covid-Patient:innen; sinnstiftende Aufrufe zur Pflicht (Einkaufen für die Nachbar:innen, sich impfen lassen). Auf diese Art und Weise wurden das persönliche und das öffentliche Leben intrinsisch miteinander verwoben. Corona kannte kein Entkommen. Es war nicht irgendein gesellschaftliches Thema, sondern *das* Thema schlechthin. Nicht, weil es so *angeordnet* wurde, sondern einfach, weil wir wissen, dass Medien mit der schlechten Nachricht, dem Drama, der Gefahr einfach besser verdienen als mit guten Meldungen. Der Corona-Diskurs wurde so zur *self-fulfilling prophecy*: was gut läuft, geht immer weiter.

In einer ersten Phase, im Frühjahr 2020, als alles noch neu und darum interessant war, haben wir – wahlweise den Anweisungen der Propaganda oder einem Spieltrieb folgend – fast lustvoll unsere gesellschaftlichen Verhaltensweisen geändert: wir boxen oder treten inzwischen mit den Füßen zur Begrüßung, weil der Handschlag auf einmal tabu ist (obgleich längst bekannt ist, dass Flächeninfektion, also auch durch die Handfläche, praktisch nicht vorkommt). Oder wir wuschen uns drei Minuten die Hände und sangen dazu *alle meine Entchen*. Erwachsen kann man das nicht nennen, eher albern. Irgendwann später wurde die Begrüßungsfrage *Wie geht es dir?* ersetzt durch *Bist du schon geimpft?* Fast möchte man von Konditionierung sprechen wie bei Konrad Lorenz mit seinen Graugänsen. Man konnte den Eindruck gewinnen, dass viele Menschen sich freuten, dass endlich mal etwas los war, dass sie endlich mal etwas Gutes tun konnten, dass das Krisengeschehen etwas *Sinnhaftes* hatte: Leben über Geld stellen, Menschenleben retten, raus aus der Einöde des Konsums.

Dann kam flugs eine Phase der massiven sprachlichen Umdeutungen. Eine perfekte gesellschaftliche Atomisierung und Vereinzelung wurde *social distancing* genannte, eigentlich eine *contradictio in adjecto*, denn sozial ist man in der Gemeinschaft, nicht in der Distanz, und mit *Solidarität* legitimiert. Mit dem Begriff der Solidarität wurde vor allem die politische Linke gekapert und in den Staatsgehorsam eines paternalistischen Staates geführt, den sie sonst immer gerne der Übergriffigkeit bezichtigt. Der Begriff Solidarität ist gleichsam das Mutterkorn progressiver Rhetorik, wer möchte nicht solidarisch sein? Auf einmal verteidigte die politische Linke die geschlossene Gemeinschaft und die Rechte die Freiheit: Das ist nicht nur eine verkehrte Welt, sondern man sollte mal darüber nachdenken, was es für eine Gesellschaft eigentlich heißt, wenn die sogenannte (populistische) Rechte jetzt die kulturelle Hegemonie für die Freiheit für sich beansprucht …

Aus Querdenken, Kraftquelle jeder Demokratie, wurde etwas Schlechtes. Wer die Verhältnismäßigkeit der Maßnahmen anmahnte, wurde gleich zum Corona-Leugner beziehungsweise »Covidioten«. Die Welt vereindeutigte sich in fast mittelalterlicher Weise in Gut und Böse. Sodann erfolgte die Einladung zum staatlich legitimierten und zum Wohle des Guten gerechtfertigten Denunziantentums: *Hui*, der Nachbar empfängt Gäste. Das, was man gemeinhin *petzen* nennt, wurde zur staatsbürgerlichen Pflicht. Die Polizei räumte private Feiern oder sogar Kindergeburtstage, die eigene Wohnung war nicht mehr tabu, alles vermeintlich zum Nutzen der *offenen Gesellschaft*, die aber genau durch diese Mechanismen zu einer *geschlossenen Gemeinschaft* umgeformt wurde. Suspekt, wer nicht mitmachte, und das alles übertrieben oder gar absurd fand. Der gesellschaftliche Konformitätsdruck war etabliert, Abweichungen wurden staatlich sanktioniert, Spaltung und Polarisierung waren perfekt. Schlimmer als der praktizierte Konformismus derjenigen, die gerne und aus Überzeugung mitmachten, war der *heuchlerische* Konformismus von vielen (!), die das alles zwar nicht gut fanden, aber nach außen trotzdem mitmachten. Die am Esstisch hinter vorgehaltener Gardine maulten, aber in der Firma, der Schule oder im Bekanntenkreis nichts sagten. *Wer schweigt, stimmt zu* heißt dieser Essay darum. Die Verformung der Demokratie ist immer die Verformung ihrer Bürger:innen.

Es begann eine soziale Rekonstruktion. Freundschaften und Ehen gingen in die Brüche, die neuen Freund:innen waren diejenigen, die ähnlich zu Corona dachten. Von der Abgrenzung über die Ausgrenzung ging es flugs zur gesellschaftlichen Spaltung mit Blick auf jene, die nicht mitmachen wollten. Nichts motiviert Menschen so sehr wie der Einsatz für *das Gute* oder – in einem Moment der Unsicherheit – als *Retter:in* dazustehen. Denn wer möchte schon schlecht sein oder *nicht helfen*? Das ist das kleine Einmaleins jeder Werbeagentur, aber auch jedes Trickbetrügers, die meistens in das Eigenheim eingelassen werden, weil sie ein *Hilfs*angebot machen, um dann das Silberbesteck mitgehen zu lassen.

Dann begann die Phase der gesellschaftlichen Ächtung, Entrechtlichung und schließlich Entmenschlichung Ungeimpfter. Von der Stigmatisierung einer Gruppe als *gefährlich* über die gruppenspezifische Ausgrenzung bis hin zur Aus- und Absonderung aus der Gesellschaft ist es meist eine schnell abschüssige Piste. Ungeimpfte wurden ab Herbst 2021 an Universitäten mittels 2G nicht mehr zugelassen und aus Restaurants, Theatern und Museen herauskomplimentiert. Ungeimpfte Schüler:innen sollten gar auf ministerielle Aufforderung hin – etwa des bayrischen Gesundheitsministers – an Schulen gemobbt werden, Mitarbeiter:innen in Unternehmen wurden gegängelt, wenn nicht gar entlassen. Ich persönlich kenne mehrere solcher Fälle. Während ich diese Druckfahnen korrigiere, erreicht mich über Freunde die Nachricht aus Italien, dass sich ein ungeimpfter junger Lehrer in Rende, Kalabrien, öffentlich verbrannt hat, weil er den Druck und die Situation nicht mehr ertragen hat. Wollen wir wirklich so leben in Europa?

Auch ist Demokratie eigentlich kein System, in dem es um eine Art Ablasshandel mit Privilegien geht, den man eher aus feudalen Systemen kennt. Und doch wurden die ganzen Monate über freie Bürger:innen mit *Privilegien* – wenn nicht gleich mit Bratwürsten oder Bier – gleichsam geködert: erst impfen, dann boostern, dann bist du 2G, dann bist du *wieder frei*. Und es passierte psychologisch genau das, nämlich, dass die meisten sich diese *Privilegien* sichern wollten, anstatt darauf zu insistieren, dass Grundrechte genau darum Grundrechte sind, weil sie unveräußerlich und nicht konditionierbar sind.

Für die diskursiven Perversionen gab es kein Halten. Wenn eine künstlerische Installation auf dem Düsseldorfer Fernsehturm in grün den Schriftzug anstrahlen ließ, *Impfen ist Freiheit*, war das eine gelungene Kampagne *für das Gute*. Wenn aber auf der Straße Leute skandierten, *Impfen macht frei,* war das rechts. Die Frage bleibt ungeklärt, was jetzt von was die *Farce* ist. Jeder, der über einen provisorisch zugelassen Impfstoff erst einmal nachdenken wollte, wurde zum Aluhut oder Schwurbler, die Lieblingswörter der Krise.

Der Begriff der psychosozialen Gesundheit – auf der WHO-Webseite umfassend definiert – wurde reduziert auf erst 3G, jetzt 2G. Alle körperlichen Praktiken, die eine jahrtausendelange Tradition haben, wie etwa Heilfasten, Entgiften, Yoga oder Meditation (es gibt sogar CEOs, die sich dafür einsetzen, dass Meditation in die UN-Charta als verpflichtend für die Schulbildung aufgenommen wird), waren auf einmal *Esoterik*. Man müsste ganz New York, wo in jedem zweiten Haus ein Yogastudio ist, der Esoterik bezichtigen und die New Yorker als Sekte verdächtigen.

Passend dazu beklagte eine längst in vielerlei Hinsicht abgedriftete *FAZ*, dass *die Esoterik in der Mitte der Gesellschaft angekommen sei*, und führte als Beispiel dafür an, dass, je nach Altersgruppe, rund 60 Prozent der Erwachsenen an Horoskope glauben – *wie entsetzlich!* –, ohne irgendwie intelligent zumindest darüber zu sinnieren, warum die Astrologie eine der ältesten Wissenschaften war, bevor sie von der ach so rationalen Aufklärung als Humbug abgeräumt wurde. Es fehlte gerade noch der Vorschlag in dem Artikel, diese 60 Prozent in ein Irrenhaus zu sperren, nur weil sie nicht einem postmodernen Szientismus frönen, der alles, was man nicht *messen* kann, für *nicht existent* erklärt. Man könnte auch anmerken, dass es bei rund 70 Prozent Maßnahmenbefürwortern notwendigerweise Überschneidungen mit den 60 Prozent Horoskop-Gläubigen geben muss. Das jetzt trefflich zu analysieren, würde wohl in eine gedankliche Bredouille führen.

Dabei formulierte sogar Einstein, dem wir keine Irrationalität unterstellen wollen, solche schönen Sätze wie *Das Schönste, was wir erleben können, ist das Geheimnisvolle* oder *Fantasie ist wichtiger als Wissen, denn Wissen ist begrenzt.* Oder dass *die Kraft, die das Universum zusammenhalte, die Liebe ist*, wie er in seinem berühmten Brief an seine Tochter schreibt, auch wenn er das physikalisch nicht beweisen könne. Johann Wolfgang Goethe konnte seine berühmte Schrift *Dichtung und Wahrheit* noch mit einer Passage darüber beginnen, unter welchem Sternenhimmel er geboren wurde. Für Leitmedien, die Horoskop-Gläubige rügen, müsste das eigentlich ein Kriterium sein, Goethe aus dem Pantheon der großen Dichter zu verbannen oder nicht ernst zu nehmen. Goethe, auch ein *Schwurbler!*

Die große Regression der Zeit, die Reduktion auf das *Wissen* – schlimmer: allein auf das messbare Wissen –, die Negation also der Weisheit, die doch seit jeher die notwendige Antipode zum Wissen ist, sie ist der eigentliche zivilisatorische Frevel der Zeitgenossenschaft, buchstäblich ein Verrat am *Geist*. Dieser Verrat lag schon lange in der Latenz, mit Corona ist er manifest geworden. Wo die Mathematik weiß, dass $2 + 2 = 4$ ist, lehrt die Weisheit uns, dass man auch mal drei gerade lassen soll. In dieser Dialektik, und nur in ihr, spielt sich das gesamte menschliche Geschehen ab. Den Himmel zu vergessen und nur auf die Erde zu schauen tut niemandem gut. Große Schriftsteller wie Stefan Zweig oder Roland Barthes wussten noch, dass jede Zivilisation eine Spiritualität braucht, nicht, um einen Gott anzubeten oder zu ideologisieren, sondern um sich selbst zu spiegeln und dem Mysterium zugewandt zu bleiben, eben in dem Wissen darum, dass der Mensch nicht alles weiß. Erst die Postmoderne hat es geschafft, wie so vieles, auch die Spiritualität zu kommerzialisieren und daraus ein ridikülisiertes Konsumobjekt – vulgo: *Esoterik* – zu machen. Für die postmoderne Gesellschaft ist es eben das Allerschlimmste, mit Dingen umzugehen, die man vielleicht nicht im Griff hat (etwa dem Tod) – was wiederum nicht heißt, dem Fatalismus zu unterliegen oder gegen Corona gar nichts zu tun.

Und so lag es nahe, die Verantwortung für die politische Impotenz des Handelns zu externalisieren: nämlich an die Schwurbler:innen, die Aluhüte und die Verschwörer:innen. Oder die Impfgegner:innen, die Uneinsichtigen, die Irrationalen. Sie und nur sie mussten dafür verantwortlich sein, dass das Krisenmanagement nicht gelang. Wenn sie sich nur impfen ließen, wenn sie nur gehorchen würden, endlich einsichtig seien, dann, ja dann wäre alles gut. Ab diesem Moment, als der Sündenbock gefunden war, begann die enthemmte Phase des Diskurses – ungefähr seit Herbst 2021. Impliziert wurde, dass Impfskeptiker:innen mit ihrer Kritik, Skepsis oder Sorge notwendigerweise im Unrecht oder nur falsch informiert seien – Kindern gleich. Man müsse sie eben nur *richtig* aufklären. Dabei sind einer Studie des MIT zufolge die Impfskeptiker:innen nachweislich die besser informierten, die sich in der Regel umfassend über die Risiken der Impfung aufgeklärt haben. Der Vorbehalt gegen eine Corona-Impfung aber wurde zum defizitären »*Mindset*« deklariert oder einem problematischen soziopsychologischen Kontext der Person zugerechnet. Kurz: Impfskeptiker:innen, die immer gleich ein Impf*gegner* waren, wurden pathologisiert. Dabei ist man, wenn man zum Beispiel keinen Spinat mag, kein Gemüse-*Gegner*, sondern man mag eben nur keinen Spinat. In einer Demokratie ist dies das gute Recht eines Jeden.

Derweil schwappte eine frenetische (und lächerliche) Impfpropaganda inklusive ihrer Verniedlichung *(»Der kleine Pieks«)* über das Land (»*Deutschland krempelt die Ärmel hoch*« oder in Österreich »*Baby, lass uns impfen*«, ein Werbeclip, in dem eine junge Familie fröhlich auf dem Sofa hüpft). Dumme und dümmste Sprüche *(»Wir impfen uns den Weg frei«* in Traunstein, Oberbayern) wurden auf Marktplätzen aufgestellt, auf Plakaten so groß, dass man glauben konnte, Kim Jong-Un aus Nordkorea wollte persönlich eine Botschaft in Europa loswerden. Über Weihnachten wurde Nicht-Geimpften in Österreich sogar eine kurze Amnestie mit Blick auf die 2G-Regeln gewährt. Damit wurden sie durch die Wortwahl allein zu Delinquenten gemacht. Was musste man alles hören, bar jeder empirischen Grundlage, denn Geimpfte, das war zu diesem Zeitpunkt bekannt, waren genauso Infektionstreiber wie Nicht-Geimpfte: Die »*Tyrannei* der Ungeimpften«, so schallte es aus dem Munde des Präsidenten des Weltärzteverbandes Frank-Ulrich Montgomery, und das zu einem Zeitpunkt, als die Impfung als *Fremdschutz*, also zwecks Erlangung von steriler Immunität oder Herdenimmunität nicht mehr empirisch zu unterfüttern war. Eigentlich verbaler Amtsmissbrauch! Eine besondere Watsche verdient auch Jan Böhmermann für seine andauernde öffentliche Hetze und Mokiererei über Ungeimpfte, aus dessen Mund – trauriger Höhepunkt! – noch am 28. Januar 2022 zur Primetime im deutschen Fernsehen der Satz kam: »Was Ratten in der Zeit der Pest waren, sind Kinder zurzeit für Corona: Wirtstiere.« Unterirdisch. *No comment!*

In dieser Propaganda musste jede wertegeleitete Diskussionskultur oder Kontextualisierung des Zeitgeschehens untergehen, also deren Einordnung in den normativen Rahmen unserer Demokratien. In der *Süddeutschen Zeitung* konnte man lesen, man müsse jetzt *Mehr Diktatur wagen.* Der Deutsche Ethikrat empfahl die »*Diskriminierung* von Ungeimpften«, obgleich die Parlamentarische Versammlung des Europarates am 27. Januar 2021 die Resolution 2361 verabschiedet hatte. Darin heißt es in Paragraph 7.3. ff.: »*Es ist sicherzustellen, dass die Bürger darüber informiert werden, dass die Impfung NICHT verpflichtend ist, und dass niemand politisch, gesellschaftlich oder anderweitig unter Druck gesetzt wird, sich impfen zu lassen, wenn er dies nicht selbst möchte. (…) Es ist sicherzustellen, dass niemand dis-*

kriminiert wird, weil er nicht geimpft wurde, aufgrund möglicher Gesundheitsrisiken oder weil er sich nicht impfen lassen möchte.« Der Europarat ist nicht irgendein Komitee. Er ist das zentrale Organ, das seit 1949 auf dem europäischen Kontinent über die Einhaltung von Menschenrechten und Demokratie wacht. Anstatt also auf diesen Rechtsbestand zu verweisen und ergebnisoffen zu diskutieren, ob man ihn aufgrund von Corona außer Kraft setzen möchte, konnte man zum Beispiel in einem Interview in der *FAZ* im Vulgärton lesen: *»Impfen lassen und Klappe halten«.* Doch immer, wenn ein Tiefschlag der medialen Berichterstattung erreicht war, sodass man sich als Leser:in eigentlich nur noch an den Kopf fassen konnte, wartete meist gleich der nächste um die Ecke. Fußballer wie Kimmich wurden an den öffentlichen Pranger gestellt, das TV-Interview mutierte zum modernen Scheiterhaufen. Jeder durfte einmal spucken und die Öffentlichkeit ließ nicht nach, bis zur medial inszenierten »Selbstreue«, der jetzt erwägt, sich doch impfen zu lassen. Das erinnert schon fatal an öffentliche Selbstbezichtigungen – etwa an französische Frauen, die nach 1945 zugaben, mit deutschen Soldaten geschlafen zu haben – damit man ihnen nach 1945 nicht die Haare abgeschnitten hat.

Dabei ist jenes Argument, *man kann sich ja impfen lassen*, das so oft zur Begründung hergeholt wurde, um zu beweisen, dass niemand ausgegrenzt werde, ähnlich dumm, als würde man sagen, *man kann ja die Kirche wechseln*, wenn es um die Diskriminierung religiöser Minderheiten geht. Und jenes mantraartig vorgetragene *Ich verstehe einfach nicht, dass die sich so anstellen*, möchte man gerne mal der *woken* Community entgegenschleudern, die Schnappatmung bekommen, wenn mal nicht gegendert wird oder das Theater die Trigger-Warnung vergessen hat.

Impfen als *Eigenschutz*, für jeden, der will, versus Impfen als *Fremdschutz*: darin lag die ganze Zeit die Übergriffigkeit der Diskussion, die auch dann kein Halten mehr kannte, als sich die Meldungen über Impfprobleme häuften, das Paul-Ehrlich-Institut offiziell 48-mal so viele problematische Impffolgen meldete wie bei allen anderen Impfungen in den vergangenen 20 Jahren (Dunkelziffer nicht bekannt) und bei Omikron die Zahlen nicht nur darauf hindeuten, dass die Geimpften und die Geboosteten ebenso Treiber des Infektionsgeschehens sind,[10] sondern Impfung und Übersterblichkeit möglicherweise sogar positiv korrelieren.[11]

---

10 Anteil der Omikron-Fälle nach Gruppen der Gesamtbevölkerung in Prozent in DE (KW 51/ 2021): Ungeimpfte 26 Prozent Anteil an Bevölkerung und 4,4 Prozent Anteil an Omikron Infizierten; zweimal Geimpfte 38 Prozent an Bevölkerung und 68 Prozent Anteil an OmikronInfektionen und Geboosterte 31 Prozent Anteil an Bevölkerung und 27 Prozent Anteil an Omikron, nach offiziellen Zahlen des RKI. Auch die Zahlen aus Island, Gibraltar oder Portugal mit jeweils hohen Impfquoten, aber gleichzeitig hohen Infektionszahlen ließen zu Jahresende 2021 auf eine positive Korrelation schließen oder hätten zumindest dazu führen müssen, der Hypothese einiger heterodoxer Virologen nachzuspüren, für die die Impfung – nicht für den Eigenschutz, aber das Infektionsgeschehen – eher das Problem denn die Lösung ist, unter anderem durch die inzwischen von der britischen Gesundheitsbehörde offiziell kommunizierten Tatsache, dass die Impfung die natürliche Immunität dauerhaft schädigt, während ein Durchlaufen der Krankheit die beste – natürliche – Immunisierung und mithin Schutz vor Corona bietet. Auch auf der WHO-Webseite war zu lesen, dass man nicht in eine Pandemie hineinimpfen solle.

11 Professor Christof Kuhbandner veröffentlichte am 21. Januar 2022 Statistiken und Kurven, die darauf hindeuten, dass die Übersterblichkeit in Deutschland seit Herbst 2021 möglicherweise positiv mit der Zahl der Impfungen beziehungsweise der Booster-Impfung korreliert. Zu finden unter anderem auf www.7Argumente.de. Diesem Anfangsverdacht hätte man zumindest nachgehen müssen, anstatt ihn abzuwiegeln.

Hätte die Politik nicht spätestens da einen Schritt in der überhitzen Diskussion zurücktreten und denen zuhören müssen, die es wagten zu erwähnen, dass die Impfung vielleicht mehr Probleme macht als *die* Lösung zu sein? Anstatt wie Winfried Kretschmann in die religiöse Überhöhung zu gehen und das Impfen wie vom Berg Moses auszurufen und ihn dann auch noch seufzen zu hören, *»jetzt müsse man auch noch auf die Gerichte Rücksicht nehmen«*. Spätestens bei dem bestenfalls provisorischen Schutz des *Boosterns* – nur circa zehn Wochen Schutz nach jüngsten britischen Studien – hätten alle Alarmsignale auf Rot gestellt sein müssen, dass man damit nun wirklich keine Impfpflicht, 2G+ oder eine Booster-Impfung weder medizinisch, rechtlich oder ethisch rechtfertigen kann.

Die Psychologie – oder auch Finanzmarktakteure (*»Don't throw bad money after good one«)* – wissen, dass, wenn man einmal in eine Lösung oder in eine Aktie investiert hat, es das Schwierigste ist, wieder aus ihr auszusteigen, *weil* man schon so viel investiert hat. Weil man nur noch ein bisschen zuwarten muss, *weil es doch klappen muss*, weil man es dann endlich geschafft hat. Ein System im Wahn macht eben immer weiter, koste es, was es wolle. Dabei weiß jeder, der einen Autoreifen im Wüstensand hat, dass er besser mal aussteigt als weiter Gas zu geben.

Stattdessen erfolgte die systematische Andichtung von Verschwörungsnarrativen auf Maßnahmengegner:innen, die ebenfalls pathologisiert wurden. Meistens *Marginalisierte*, so hieß es aus dem Munde von Experten:innen, die aufgrund ihrer unterlegenen gesellschaftlichen Stellung irgendwelchen (selbstverständlich als abstrus erachteten) Fantasievorstellungen erlägen. Zu keinem Zeitpunkt kam die selbstgerechte Mehrheitsgesellschaft auf die Idee, dass sozial *Marginalisierte* vielleicht tatsächlich und ganz *real* in der Coronakrise schreckliche und traumatisierende Dinge erleben mussten (Jobverlust, Existenzverlust, Obdachlosigkeit, Gewalt) und dass sie mithin aus legitimem Grunde – denn der Staat darf nicht schädigen! – möglicherweise berechtigte Kritik an den Maßnahmen vorbringen und eine staatskritische Haltung einnehmen. Als jemand, der über sechs Monate während des Lockdowns einen obdachlosen Freund auf dem Sofa beherbergt hat, weiß ich ein bisschen, wie es sich anfühlt, wenn einem mit 57 Jahren die Existenz zerschossen wird und sich staatliche Zusagen *(»niemand wird durch Corona obdachlos«)* als Schall und Rauch erweisen. Es ist auch hilfreich, sich mit freien Künstler:innen, Pianist:innen, Sänger:innen, Kleinbühnenbetreiber:innen oder wem auch immer zu unterhalten: Was hier an Existenzen und Leben zerstört wurde, ist eigentlich unfassbar; wie viele Leben dadurch gerettet wurden, mehr als unklar.

Diskursiv führte das *Alles-in-einen-Topf-Rühren* dazu, dass diejenigen, die legitime Kritik vorbringen wollten, aber als Verschwörer:in oder Querdenker:in in die Ecke gestellt wurden, ständig eine wahnsinnige Energie aufwenden mussten, um zu erklären, warum sie gar nichts, aber auch gar nichts zum Beispiel mit QAnon zu tun haben, anstatt die eigene Kritik zu erläutern. Auch dieser »*Kontaktschuld-*Vorwurf« war eine gute, um nicht zu sagen: eine perfide Art und Weise, Kritik zu neutralisieren, und hat während Corona bestens funktioniert. Die bürgerliche Mitte bekam gleichsam einen Feldverweis.

Dass auf diese Weise jede Form der legitimen Gesellschaftskritik – eigentlich das Betätigungsfeld der Linken – zur Verschwörungstheorie umgemodelt wurde, die man nicht ernst nehmen muss und nach Belieben stigmatisieren kann, ist das eigentlich Fatale, das Skandalöse am Corona-Diskurs. Denn damit ist Verschwörungstheorie ein Kampfbegriff im Diskurs geworden, um das soziale Leid und die Schädigungen durch die Coronamaßnahmen nicht sehen zu müssen, ja, um sie verdrängen zu können. Durch den Kampfbegriff der Verschwörungstheorie ist die Gesellschaftskritik, früher Treiber für Fortschritt und bessere Verhältnisse, quasi aus Politik und Gesellschaft verschwunden. Die hochgradig moralisierte Gesellschaft der Guten hat eben ein Problem mit denen, die aufgrund der gesellschaftlichen oder sozialen Zustände, die aufgrund der Durchsetzung des Guten geschaffen wurden, ein Problem haben. Ebenso schwer wiegt, dass das Umstülpen von Gesellschaftskritik in Verschwörungstheorie komplett übersieht, dass sich das, was die vermeintlichen Verschwörer thematisieren, sogar als richtig erweisen könnte. Letztlich wurde kritische Gesellschaftstheorie – also die eigentlich zutreffende Analyse einer massiven gesellschaftlichen Transformation, die wir gerade erleben – mit dem Hinweis diskreditiert, dass sie einen konspirativen Erklärungszusammenhang über das Zeitgeschehen stülpe, wo doch nur die klar vor den Augen liegen Realität zähle: die Pandemie.

Und zuletzt ein kurzes *Spotlight* auf das, was man eine *Politik der bürgerlichen Beleidigung* nennen möchte, kurz: die sagenhafte Entmündigung, die wir uns die zwei Jahre haben gefallen lassen: zum Beispiel die Entscheidung darüber, wie viele Personen ich als Single küssen darf. Spaziergänge von Ehepaaren über Nacht waren verboten, dafür das Tragen von Masken draußen teilweise Pflicht. Wissenschaftliche Belege? Keine! Als noch Anfang Januar 2022 von der österreichischen Regierung die FFP-2 Maske im Freien (!) verlangt wurde, machten prompt alle mit. Mit welchen Mitteln soll man gegen so eine kollektive Zwangsstörung vorgehen?

Es bedurfte Klebestreifen auf dem Boden, um uns zu sagen, wie lang 1,5 Meter sind. Kinder wurden in der Pause auf dem Schulhof – draußen – mit Masken wie auf einem Schachbrett aufgestellt. Die Vernunft wurde am Garderobenständer abgelegt, der vorauseilende Gehorsam zur neuen Sitte. Ein stilles, fast freudiges Üben in der Akzeptanz von Bevormundung, widersinnige 2G-Regelungen als gesellschaftliche Fingerübung in Sadismus, denn 3G war *nicht drastisch genug*. Wie Giorgio Agamben aber schreibt, wird es gefährlich, wenn *das geltende, aber bedeutungslose Recht um jeden Preis eingehalten* werden muss. Die Entbindung vom Nachdenken ist der erste, der gefährlichste Schritt in den Totalitarismus. Wie wir nach dieser gnadenlosen Infantilisierung wieder eine Gesellschaft von mündigen Bürgern werden wollen, die respektvoll miteinander umgehen, das dürfte jetzt die größte Frage – und Aufgabe – werden! Von Hannah Arendt wissen wir schon, dass *niemand das Recht hat, zu gehorchen*, kurz: dass die Banalität des Bösen gerade darin liegt, Regeln ohne eigene Gewissensprüfung zu akzeptieren, mit dem Verweis darauf, *dass das jetzt halt so ist*. Meist ergänzt um ein achselzuckendes: *ich kann auch nichts dafür*.

Aus nordkoreanischen Gefängnisstudien wiederum ist bekannt, dass man die Gefangenen perfekt damit verwirren kann, manchmal Ausgang – also etwas Freiheit – zu gewähren und dann wieder nicht. Freiheit, in Tranchen zugeteilt wic ein Bausparvertrag. Am Ende weiß keiner mehr, was er eigentlich darf. Bleibt zu hoffen, dass wir da noch nicht sind. Aber dass Freiheit in der *neuen Normalität* heißt, *stay home*, mach Netflix an, koche selbst, lass dich impfen – und nicht viel mehr, das haben wir inzwischen alle brav gelernt. *Ist doch alles gut, was hast du?,* schallte es mir oft entgegen. Das Erschreckendste war für mich über die letzten zwei Jahre, dass es erstaunlich gut funktioniert hat.

»Mit dem Gehorsam geben wir unsere eigenen Gefühle und Wahrnehmungen auf. Wird ein Mensch im Verlauf seiner Identitätsentwicklung einmal in diese Richtung gezwungen, verläuft seine Entwicklung nach Gesetzen, die völlig anders sind als die, die das heute gängige psychologische Denken vorgibt. Das Festklammern an der Autorität wird dann zu einem Lebensgrundsatz. Obwohl man sie hasst, identifiziert man sich mit ihr.«Die Unterdrückung des Eigenen löst Hass und Aggressionen aus, die sich aber nicht gegen den Unterdrücker richten dürfen, sondern an andere weitergegeben werden«, schrieb Arno Gruen, Psychoanalytiker, 1923 in Berlin geboren, der 1936 in die USA emigrierte. Welche Gesellschaft steht uns also bevor? Vor allem, wo wir ganze Alterskohorten von Kindern und Jugendlichen daran gewöhnt haben? Der Unterschied zu damals ist: Es gibt kein Exil mehr, denn fast die ganze Welt hat mitgemacht.

Teil II
Was passiert ist

»When Logic and Proportion
have fallen sloppy dead.«[12]

Zum Einstieg in diesen Teil, in dem es zentral um die Rolle der Wissenschaft in der Coronakrise gehen soll, sei kurz daran erinnert, dass Atomkraft in Deutschland lange Zeit von einer großen Mehrheit für sicher, sauber und mithin für eine gute Energiequelle gehalten worden ist. In vielen Ländern – etwa China und Frankreich – ist das noch heute so und es gibt dafür durchaus gute, wissenschaftliche Argumente. Zum Beispiel ist die Kernenergie sehr klimafreundlich, weswegen Frankreich sie in der EU-Taxonomie als »nachhaltig« einstufen möchte. Dass die Kernenergie unter dem Prisma der Klimaneutralität nachhaltig ist, heißt keineswegs, dass sie nicht anderweitig gefährlich oder umweltschädigend ist, etwa mit Blick auf die Reaktorsicherheit oder die Endlager. Am Ende ist es eine Frage der Bewertung und die hängt wiederum davon ab, auf welches Kriterium man schaut. Bis zur Reaktorkatastrophe von Fukushima – die Verlängerung der Atomreaktoren war gerade im Bun-

---

12 Liedzeile aus »White Rabbit«, Song von Jefferson Airplane 1969.

destag beschlossen – galt Kernkraft trotz lauten Protestes einer Minderheit als sicher. Nach dem GAU in Japan 2011 änderte sich diese Bewertung. Im Handumdrehen wurde der Ausstieg aus der Kernenergie beschlossen, obgleich man gestern politisch noch alles anders bewertet und durchgesetzt hatte, ganz einfach, weil man jetzt *erfahren* hatte, dass Kernkraft vielleicht doch nicht so sicher ist, wie alle zuvor angestellten Wahrscheinlichkeitsrechnungen behaupteten. An den Zahlen zur Kernenergie hatte sich *nichts* geändert. An diesem Beispiel lassen sich zwei zentrale Dinge zeigen: Zum einen bildet eine Wahrscheinlichkeitsrechnung die Wirklichkeit nicht unbedingt ab; zum anderen hängen wissenschaftliche Begründungen von Kriterien ab, die man so oder so bewerten und priorisieren kann. Im Fall der Kernkraft je nachdem, ob man auf Sicherheit, Nachhaltigkeit oder Umweltfreundlichkeit schaut und was davon man höher bewertet.

Wissenschaft ist also nur unter der Bedingung möglich, dass man aus der Gesamtheit des Wirklichen geschlossene Systeme heraustrennen und alle Erscheinungen, die nicht zu ihnen gehören, als vernachlässigbar erachten kann. Etwas lapidar formuliert: »Das Ganze« ist die Idee des Metaphysikers, nicht die des Wissenschaftlers. Bei Forschungsergebnissen und deren Interpretation geht es also selten um das, was *die* Wissenschaft sagt, sondern welche Bewertungskriterien eine Mehrheit bei wissenschaftlichen Erkenntnissen anlegt und welche sie zu einem gegebenen Zeitpunkt als politisch relevant durchsetzen will.

Diese Abhängigkeit wissenschaftlicher Ergebnisse von Bewertungen lässt sich an einem weiteren Beispiel zeigen: Es gibt ungefähr 600 Studien zur Frage, ob Kaffee gut oder schlecht für die Gesundheit ist. Die Ergebnisse variieren *von ganz* schlecht (Herzrasen) bis *sehr gut* (belebend). Die Entscheidung darüber, welcher Studie Sie persönlich glauben, hängt am Ende schlichtweg davon ab, ob Sie Kaffee mögen oder nicht. Wenn ja, tendieren Sie ganz sicher dazu, dass Sie einer Studie glauben, die sagt, dass Kaffee *gesund* ist, und halten die anderen Studien für *Quatsch*.

Als ich jung war und an Pfadfinder-Jugendcamps teilnahm, wurde während der langen Wanderungen immer gesungen: *Die Wissenschaft hat festgestellt, festgestellt, festgestellt, dass Marmelade fett enthält.* Jedes Mal kam ein anderer unsinniger Reim, und danach: *Eisgekühlte Coca-Cola, Coca-Cola eisgekühlt* usw. Vielleicht hat mich das dazu gebracht, Professorin zu werden und sowohl Theorie wie Empirie zu mögen; aber davon abgehalten, aus der Wissenschaft eine überhöhte Religion zu machen, denn eine verabsolutierte Wissenschaftsgläubigkeit – und in der Coronakrise sind wir nahe daran – hat der Menschheit in allen historischen Epochen selten gutgetan. Erinnern wir *en passant* daran, dass die größten Unrechtsregime immer wissenschaftlich begründet wurden, nämlich genau dann, wenn Wissenschaft zum Glauben wurde und der eine Glaube dann in der Gesellschaft zementiert werden musste – und alle Zweifler:innen entweder als Hexen verbrannt wurden oder in die Psychiatrie mussten. Das gilt für die katholische Dogmenlehre und die Inquisition im Mittelalter genauso wie für den wissenschaftlich begründeten Kommunismus, real existierenden Sozialismus oder für die Rassentheorie der Nazis.

Hinzu kommt, dass selbst die Wissenschaft Moden unterworfen ist. Bis heute ist ungeklärt, ob Licht eine Welle oder ein Teilchen ist. Und was Zeit ist, weiß die Wissenschaft auch noch nicht, obgleich wir Präzisionsuhren herstellen. Ich plädiere daher für ein kleines bisschen Demut mit Blick auf den Wissenschaftsbegriff und geselle mich gerne zu jenen, die da sagen, wer klug ist, weiß, dass er nichts weiß. Das muss bedeuten, jede wissenschaftliche Erkenntnis zu hinterfragen, keine Wahrheit als immer gültig oder unveränderbar anzusehen, sondern immer auch das Gegenteil zu durchdenken.

In seinem 1978 erschienenen Buch *Wie wirklich ist die Wirklichkeit? Wahn – Täuschung – Verstehen* klärt der berühmte österreichische Kommunikationswissenschaftler Paul Watzlawick auf amüsante Weise darüber auf, dass die Wirklichkeit nicht immer das ist, was wir für die Wirklichkeit halten. Was wir Wirklichkeit zu nennen pflegen, ist, so Watzlawick, kurzgefasst, das Ergebnis zwischenmenschlicher Kommunikation. Man könnte auch sagen, Wirklichkeit ist das, worauf wir uns einigen. In diesem mit vielen Beispielen ausgeschmückten Buch wird schnell klar, dass es oft mit vermeintlich »objektiven Tatsachen« so seine Bewandtnis hat beziehungsweise dass es absolute »Tatsachen« nicht gibt.

Mit Demonstrationen aller Art ist es ähnlich. Wo die Veranstalter meist das Doppelte der Teilnehmerzahl melden, wird die Zahl in den Medien gerne reduziert. Wie viele Demonstranten im August 2020 bei der großen Demo gegen die Coronamaßnahmen am Brandenburger Tor waren (Augenzeugen schätzen mehrere hunderttausend friedliche Demonstrant:innen) und wie wenige am Ende auf die Treppe vor dem Haupteingang des Reichstages stürmten (keine hundert, laut Videos und Augenzeugenberichten), vermag niemand genau zu sagen. Man darf sogar vermuten, dass, hätte man keine Kameras auf die Randalier gehalten, dieser »Sturm« eher einer im Wasserglas gewesen wäre, den vielleicht niemand so richtig bemerkt hätte. Indem aber sämtliche Leitmedien tagelang nur die Randalierer thematisierten und hoch*jazzten*, wurde eine Wirklichkeit erzeugt, die – gegensätzlich zu Watzlawicks Annahme – eine absolute Wahrheit zeigen wollte. Es wurde damit aber noch viel mehr gemacht: ab da waren Demos gegen die Coronamaßnahmen komplett *getagged* und eine »kontrollierte Opposition« installiert. Und die war radikal und rechts. Niemand Vernünftiges wollte da mitlaufen oder dabei gesehen werden.

Was Watzlawick zu zeigen versucht, ist, dass Wirklichkeiten – in dem Sinne, wie wir uns Wirklichkeiten meist naiv vorstellen – zuerst im Kopf entstehen. Und dass man sie deswegen umdrehen kann, in dem Sinne, dass da, wo etwas Bestimmtes wahr scheint, immer auch das Gegenteil gedacht werden kann. Wie eben bei der Kernkraft. Watzlawick bedient sich bei seinen Erläuterungen der beiden Romane von Fijodor Dostojewski, *Der Idiot* und *Die Brüder Karamasow*. Fürst Myschkin, der Held des Romans *Der Idiot*, verkörpert die moderne Tendenz zum Chaos, heute gerne Komplexität genannt. Der Idiot zerbricht die Gesetzestafeln nicht. Er dreht sie nur um und zeigt, dass auf der Rückseite das Gegenteil geschrieben steht. Im Grunde ist dies eine romaneske Verarbeitung der sokratischen Frage »Ist das so?«, die Sokrates bekanntermaßen jedem stellte, der ihm etwas erzählt hat. Ein noch eindrucksvolleres Beispiel ist die legendäre Szene in den *Brüdern Karamasow*, in dem der Großinquisitor auftritt. Sie spielt im 16. Jahrhundert in Sevilla, wo der greise Kardinal-Großinquisitor über die reine Lehre wacht, als Er (gemeint ist Jesus Christus) noch einmal herabsteigt und sofort vom Volk erkannt wird. In einem großartig beschriebenen *Show-Down* zwischen Jesus und dem Inquisitor merkt das Volk intuitiv, dass der Großinquisitor, der vorgibt, die reine Lehre von Jesus Christus zu predigen, ganz andere Dinge sagt und tut als Jesus, der die reine Lehre *ist*. Jesus weigert sich, die Menschen ihrer Freiheit zu berauben, ja, sogar, die Wüste in Brot zu verwandeln, denn was wäre die Freiheit, wenn sie mit Brot erkauft wäre? Der Kardinal hingegen schnaubt, damit beraube er, Jesus, die Menschen ihrer tiefsten Sehnsucht, nämlich jemanden zu finden, der ihnen die furchtbare Last der Freiheit abnehme. Der Kardinal rechtfertigt sich gegenüber Jesus, indem er sagt: »Wir haben deine Taten verbessert und sie auf (...) Autorität aufgebaut. Und die Menschen freuen sich, dass sie wieder wie eine Herde geführt werden und dass von ihren Herzen endlich das so furchtbare Geschenk der Freiheit, das ihnen so viel Qual gebracht wurde, genommen wurde.«

Die Geschichte ist fiktiv, aber ihre Implikationen sind es keineswegs. Sowohl Jesus als auch der Großinquisitor haben sich dem Wohle der Menschheit verschrieben, und dennoch trennt sie eine unüberbrückbare Kluft: die Paradoxie des Helfens und das von ihr untrennbare Problem der Macht. Jesus, so lautet die Anklage des Großinquisitors, wünscht spontanen Gehorsam aus freien Stücken und schafft damit eine Paradoxie, deren Lösung dem Menschen unmöglich ist: Wie kann man frei und gehorsam sein? Für den Kardinal besteht die wahre Erlösung des Menschen darin, ihm die schreckliche Last der Freiheit abzunehmen;

ihn *unfrei*, aber *glücklich* zu machen. Für Jesus hingegen ist das Ziel Freiheit, nicht Glück. Dostojewskis Poem bedeutet Grundverschiedenes, je nachdem, ob wir die Welt im Sinne Jesu oder des Großinquisitors sehen. Wem aber beide Anschauungen zugänglich sind, der verliert den Boden vermeintlicher Wirklichkeit unter den Füßen und gewinnt so die Möglichkeit, neben der eigenen Erkenntnis immer auch die Sichtweisen Anderer zu durchdenken.

Eine solche doppelbödige Wirklichkeit findet man auch in Kafkas Roman *Der Prozess.* »Jemand musste Josef K. verleumdet haben, denn ohne, dass er etwas Böses getan hätte, wurde er eines morgens verhaftet«, so lautet der erste Satz. Doch der Prozess findet niemals statt. K. ist weder frei noch eingekerkert. Das Gericht teilt ihm niemals mit, wessen er angeklagt ist; kurz: K. erhält keine Klarheit über sein Schicksal. Dann kommt die berühmte Parabel vom Türhüter, die K. von einem Geistlichen erzählt wird: Vor dem Gesetz steht ein Türhüter. Ein Mann bittet um Einlass, aber der Eintritt wird ihm vom Türhüter nicht gewährt. Das Tor zum Gesetz ist also offen, trotzdem kommt der Mann nicht hinein. Er erfährt immer nur, dass er *noch* nicht eintreten könne. »Alle streben doch nach dem Gesetz«, sagt der Mann zu dem Türhüter schließlich nach jahrelangem Warten, kurz vor seinem Tod. »Wie kommt es, dass in den vielen Jahren niemand außer mir Einlass verlangt hat?« »Hier konnte niemand sonst Einlass erhalten, denn dieser Eingang war nur für dich bestimmt«, antwortet der Türhüter. Jeder hat also seinen Eingang oder Zugang zum Gesetz; und mithin einen eigenen Standpunkt in der Welt.

Die Frage ist nun, ob der Türhüter den Mann getäuscht hat, indem er ihn nie eingelassen hat, obgleich die Tür nur für ihn war, wie K. sofort denkt. Oder ob es eine zweite Deutung gibt, nach der der Türhüter der Getäuschte ist, wie der Geistliche vorbringt. Diese zweite Deutung nun findet K. überzeugend und sagt zum Geistlichen schließlich: »Das ist gut begründet, und ich glaube nun auch, dass der Türhüter getäuscht ist.« Doch sofort rügt der Geistliche K.s Einverständnis, indem er sagt: »An der Lauterkeit des Türhüters zu zweifeln, hieße, am Gesetz selbst zu zweifeln.« Jetzt ist es wieder an K., den Kopf zu schütteln, und er widerspricht: »Wenn man sich dieser Meinung anschließt, muss man alles, was der Türhüter sagt, für wahr halten. Dass das aber nicht wahr ist, hast du ja selbst ausführlich begründet.« »Nein«, sagt der Geistliche, »man muss nicht alles für wahr halten, man muss es nur für notwendig halten.« – »Trübselige Meinung«, sagt K. daraufhin. »So wird die Lüge zur Weltordnung gemacht.« Diese Gefahr, dass nämlich unter dem Deckmantel der Notwendigkeit von der gemeinschaftlichen Suche nach dem Richtigen Abstand genommen wird, habe ich zu Anfang am Beispiel der Kernenergie gezeigt.

K. und der Geistliche sprechen tatsächlich von zwei verschiedenen Weltordnungen, und deshalb erschöpft sich ihr Gespräch in derselben Zweideutigkeit, die allem Streben K.s nach Gewissheit zuwiderläuft. Wer immer glaubt, es gäbe eine letzte und unumstößliche Gewissheit als Ziel allen Denkens, von der aus man *die* »richtige Entscheidung« für laufende Geschehnisse ableiten könne, spricht sich letztendlich gegen die Demokratie aus, denn diese beruht gerade auf dem Austausch ungleicher Meinungen beziehungsweise »Gewissheiten«.

Es wäre schön, wenn man sich auch in Corona-Zeiten daran erinnert hätte, dass die Dinge selten so eindeutig sind, wie sie scheinen. Und dass der Umgang mit der Wahrheit beziehungsweise die Uneindeutigkeit der von uns wahrgenommenen Wirklichkeit von Platons *Höhlengleichnis* (wer sieht eigentlich was?) bis zu *Alice im Wunderland* eines der großen philosophischen Themen der europäischen Geistesgeschichte ist. Es gibt wohl nicht viele Menschen, die den Gleichmut des Königs von *Alice im Wunderland* besitzen, der es ihm ermöglicht, das unsinnige Gedicht des weißen Kaninchens mit der philosophischen Bemerkung abzutun: »Wenn es keinen Sinn gibt, so erspart uns das eine Menge Arbeit, dann brauchen wir auch keinen zu suchen.« Bekanntlich geht das unsinnige Gedicht des weißen Kaninchens über den Moment, »when logic and proportion are falling sloppy dead«, wie es in der englischen Fassung heißt. Das Lied *White Rabbit* von *Jefferson Airplane* war deswegen mein Lieblingssong durch die ganze Corona-Zeit hindurch, mein Ohrwurm, weil es gerade Logik und Verhältnismäßigkeit waren, die aus dem Blick gerieten.

Logik und Proportion, also Verhältnismäßigkeit, sind in den letzten zwei Jahren in einer Welt, die sich für aufgeklärt und vernünftig hält, weitestgehend außer Kraft gesetzt worden – und diese Außerkraftsetzung ist dann auch noch mit einem wissenschaftlichen Imperativ begründet worden. Da ist man schnell bei dem berühmten Heidegger-Zitat: »Die Wissenschaft denkt nicht.« Nein, Denken, das hat die Wissenschaft nicht getan. Das ist auch nicht ihre originäre Aufgabe. Genau deshalb dürfen wissenschaftliche Erkenntnisse nicht als unverrückbare Wahrheiten gelesen werden, sondern immer nur als zu interpretierende Möglichkeiten, als Grundlage für politische Schlussfolgerungen und Entscheidungen. Originär politisch aber ist das *Trotzdem*, nämlich eine Entscheidung oder Abwägung zu verantworten, und zwar unabhängig von Zahlenwerk, wenn sie gewollt ist. Während Corona wurde viel gerechnet, modelliert und simuliert. Selten sind diese Simulationen irgendwo *wahr* geworden. Wenn Simulation und Wirklichkeit aber nicht übereinstimmen, liegt das selten an der Wirklichkeit.

Die Umkehrung von *Rational* und *Irrational* wurde das zentrale Problem des Diskurses, anders formuliert: der mediale und öffentliche Diskurs musste die überhöhte Angst, der mit Vernunft nicht mehr beizukommen war, bedienen – *feed the beast* –, während rationale Argumente mit Empörung zurückgewiesen werden als Leugnen, Kleinreden, Verharmlosen oder als moralisch untragbar abgetan wurden. Vernunft konnte so schnell zum »menschenverachtenden Zynismus« werden, wenn sie nicht gleich ganz aufgekündigt wurde: Der Satz, zu lesen in der *FAZ* vom 3. Dezember 2021 in einem Artikel von Miguel de la Riva, »Solange auch nur einer krank ist, ist niemand wirklich gesund«, ist weder logisch noch verhältnismäßig noch vernünftig, sondern nur vollkommen sinnlos. Denn – einmal abgesehen davon, was der Satz zu Corona-Zeiten heißt – bedeutet er, dass niemand je wirklich gesund ist, denn in unserer Welt ist *immer* jemand krank. Diese Art der Doppelmoral und des Übergehens ist aber ein anderes Thema. Man könnte – gleichsam als literarisches Kunstwerk – diesen Essay damit füllen, die absurdesten Sätze der Leitmedien aus den letzten zwei Jahren einfach aneinanderzureihen. Vielleicht würde die Verballhornung dann sichtbar werden. »Freiheit für die, die sie verdienen«, geschrieben von Reinhard Müller am 15.12.2021 in der *FAZ* (*er* entscheidet das dann?), ist ein weiterer Satz, der tiefen Einblick in die intellektuellen Verdrehungen der Leitmedien in der Coronakrise gewährt. Ich persönlich habe mich in den letzten Monaten oft gefragt, warum das alles so widerspruchslos geschrieben werden konnte, und frage es mich noch.

Er lässt indes tief blicken in das »false bias«, jene Schieflage der Leitmedien, die doch eigentlich den sogenannten »alternativen Medien« immer unterstellt wurde. Und diese »falsche Ausgewogenheit« ist wohl der eigentliche Grund für jene subtile Verschiebung zwischen Wahrheit und Wirklichkeit, zwischen Vernunft und Unvernunft, sodass wir inzwischen an einem Punkt zu sein scheinen, an dem die Irrationalität zur Vernunft dekretiert wird, die Rationalität aber zur Verschwörungstheorie. Nüchtern betrachtet hat sich jedenfalls einiges, was die Kritiker an den Corona-Maßnahmen befürchtet haben, schlichtweg bewahrheitet. Dafür nur drei kurze Beispiele.

Im Frühjahr 2020 wurde es als Verschwörungstheorie bezeichnet, zu sagen, Corona werde zu einer Impfpflicht führen. *Nie!* Zwei Jahre später ist eine erhebliche Mehrheit der Deutschen für eine Impfpflicht und für radikale Maßnahmen gegen Impfgegner. Was damals als Verschwörungstheorie galt, ist heute also politischer Konsens. Eigentlich müsste man die »Verschwörungstheoretiker:innen« also wegen weiser Voraussagen rehabilitieren. Oder sich ganz nüchtern fragen, wie es passieren konnte, dass sich heute rund 70 Prozent ganz offensichtlich eine Verschwörungstheorie zu eigen machen, die jetzt aber nicht mehr als solche gilt, sondern von einer Mehrheit als notwendig deklariert wird. Welche gesellschaftliche Verdrängungsleistung oder welches Vergessen ist hier wirkmächtig? Es ist naheliegend, dass eine solch massive Transformation der öffentlichen Meinungslandschaft nicht ohne das zu bewerkstelligen gewesen wäre, was man gemeinhin Werbung oder Propaganda nennt, die ich im ersten Teil ausführlich analysiert habe. Frei nach dem Ikea-Motto: »Wohnst du noch oder lebst du schon?«, wollten auf einmal alle leben, sodass sich plötzlich rund 70 Prozent heute für etwas aussprechen, das ihnen gestern nicht in den Sinn gekommen wäre beziehungsweise das sie für völlig absurd gehalten haben und für das die Vernunftgründe, also die empirische Unterfütterung der Notwendigkeit, immer noch bestenfalls strittig und keineswegs eindeutig ist.

Das zweite Beispiel einer solchen Voraussage ist die von Kritiker:innen vorgebrachte Befürchtung, es könnte sich im Zuge der als notwendig erachteten Maßnahmen eine weitere einreihen, nämlich die Einführung eines Chips zur Ermittlung des Impfstatus, der in den Unterarm eingepflanzt wird. So ein *Quatsch*, schallte laut und empört die konformistische Masse, *nie!* Und siehe da, jetzt ist eine schwedische Firma, ein kleines schwedisches Start-up-Unternehmen namens Epicenter auf dem Markt, das schon lange an biometrischen Chips forscht und nun einen Chip entwickelt, der genau das ist: ein Mikrochip-Implantat, das wie der Barcode auf dem Handy funktioniert. Handy vergessen? Kein Zugang zur Uni, zum Kino oder zum Theater. Da ist so ein Chip doch viel praktischer, *nicht wahr*? Ich selber könnte die Marketing-Strategie dazu schreiben…

Und als drittes geht es um den Ursprung der Pandemie, da ja immer noch nicht geklärt ist, ob es jetzt die Zoonose einer Fledermaus oder doch ein chinesisches Labor war, das uns das Virus beschert hat. Es wäre an der Zeit, sich der Frage, *if and how Xi Jinping shut down the world,* zuzuwenden, denn die geostrategischen und geoökonomischen Verschiebungen, die sich unter der Oberfläche des pandemischen Geschehens inzwischen ergeben haben, sind zum Teil beträchtlich. Bei der Klärung dieser Frage ist auf die USA, wo es inzwischen eine sehr gute, kritische und höchst informative Podcast-Kultur gibt – etwa denjenigen von Joe Rogan mit teilweise elf Millionen Hörer:innen – oder das Vereinigte Königreich, Land von James Bond, natürlich eher Verlass als auf den BND oder die deutschen Schmusemedien à la *ZEIT* und *SPIEGEL*. Wer also auf Englisch schon einmal die ganz und gar nicht unplausiblen Theorien lesen möchte, wie sich Xi Jinping die Welt nach Corona vorstellt, der ist bei dem amerikanischen Blogger und Twitterer @MichaelPSenger und seinem Thread zu SNAKE OIL gut aufgehoben. Mich persönlich beruhigt es ungemein, dass die USA anscheinend noch ein paar Rechnungen mit China offen haben und die Krallen ausfahren, anstatt sich wie Europa von China vereinnahmen zu lassen, so wie Mogli im Dschungelbuch, als er von der Schlange Kaa umschlungen wird. *Verschwörungstheorie* für Fortgeschrittene wäre es dann, die heute fast offiziellen Schuldzuweisungen an China, etwa im Wall Street Journal, wiederum als »intended leak« zu werten, mit dem Zweck, durch den Fingerzeig auf China von anderen amerikanischen Machenschaften im Corporate Business abzulenken. Ganz im Sinne von Watzlawick: Wer weiß das heute schon so genau? Die finanziellen und institutionellen Verstrickungen der Bill & Melinda Gates Foundation mit der WHO sowie die Geldzuweisungen der Stiftung an das RKI, den *SPIEGEL*, die »Faktenchecker-Agentur« Correctiv oder auch den Comedian Eckart von Hirschhausen sind jedenfalls auf der Webseite der Stiftung kommentiert, haben es aber leider nie zu einer skandalisierenden Titelseite in *SPIE-GEL, ZEIT* & Co. gebracht. Dabei ist die zunehmende Erosion internationaler Governancestrukturen durch »Global Corporate« der eigentlich kaschierte Skandal, den öffentlich zu thematisieren dringend geboten wäre: Firmen werden zu Staaten beziehungsweise übernehmen staatliche Aufgaben, das ist der Trend, der breit diskutiert und möglichst unterbunden werden muss.

Jetzt ist die entscheidende Frage: Ist es eine Verschwörungstheorie, so etwas wie diese Zeilen hier zu schreiben? Natürlich nicht! Es ist bestenfalls der Beweis dafür, wie sehr der ganze MINT-Kult im Wissenschaftsbetrieb dazu geführt hat, dass Theorien und Theoriefähigkeit durch den Ausverkauf der Geisteswissenschaften (und die Unterwerfung der Sozialwissenschaften unter die sogenannte »Quanti-Fraktion«, also eine weitgehend datengetriebene Sozialwissenschaft) praktisch abgeschafft wurden und Gesellschaftstheorien jetzt schnell als Verschwörungstheorie abgetan werden, wenn sie kontextualisieren und kritische Fragen stellen, anstatt Zahlen und Fakten als Wahrheiten zu setzen. Als würde das Weltgeschehen einfach immer so vom Himmel fallen! Als gäbe es so etwas wie Macht, Interessen oder Absichten nicht mehr.

Es geht eben nicht darum anzunehmen, dass jemand – Klaus Schwab oder Bill Gates *ad personam* – etwa hinter dem beschriebenen, beachtlichen Meinungsumschwung mit Blick auf die Impfpflicht stecken. Als jemand, der mehrfach in Davos war, bin ich sowieso eher der Auffassung, dass Davos ist, *when the elites of the world discover yesterday's problems* – anders formuliert: maßlos überbewertet ist!

Vielmehr geht es darum zu argumentieren, dass dieser Verwandlungsprozess wie von selbst, aber eben trotzdem passiert ist. Und in dem Moment, wo er geschehen ist, von Macht- und Kapitalinteressen ausgenutzt werden konnte und wurde. Aus *the Law of unintended consequences* – dem Gesetz der unbeabsichtigten Folgen – wurde die normative Kraft des Faktischen: wir *sind* in einer anderen Welt! Aus *freiem* Willen und von satten Mehrheiten begleitet, liegt eine ganze Gesellschaft wie Gregor Samsa in Kafkas Erzählung *Die Verwandlung* als Käfer auf dem Rücken und weiß nicht mehr so recht, was eigentlich passiert ist. Außer, dass es jetzt eben so ist, wie es ist, und darum irgendwie gerechtfertigt werden muss. Vieles spricht dafür, dass die meisten im »Bann der Gegenwart« einer Hypnose verfallen sind und deswegen gerade nicht wissen oder darüber nachdenken *wollten*, was gerade geschieht. *Nicht-wissen-Wollen* ist eine Erleichterung, zumal in Zeiten der Tugend und der Pflicht, weil es einen der Verantwortung enthebt.

Für einen solchen Prozess muss man den Begriff der Verschwörungstheorie also gar nicht bemühen. Es reicht, sich an den Begriff der Macht zu halten, der ein wenig aus der Mode gekommen ist. Schauen wir uns also diesen Begriff einmal näher an, genauer: den Moment eines Machtumschwungs oder Machtwechsels. In seinen Theorien der Macht von 1972 beschreibt Heinrich Popitz eindrucksvoll, wie man eine Ordnung mit wenigen Kniffen fundamental ändert beziehungsweise auf den Kopf stellt. Kurz zusammengefasst passiert das immer nach dem Prinzip »Dreistigkeit siegt«. Einige wenige, meist Privilegierte, verändern, situativ oder aus heiterem Himmel heraus, im Handstreich die Spielregeln eines Systems. Dazu bedarf es weder eines geheimen Plans noch einer bösen Absicht (das ist der Denkfehler vieler Verschwörungstheorien, dass genau dies immer unterstellt wird), sondern es geht eigentlich nur um Machtsicherung, der ältesten Triebfeder der Menschheitsgeschichte. Wenn sie erfolgreich sind, schreibt Popitz, vollziehen sich die Prozesse der Machtnahme mit einer Selbstverständlichkeit, als seien die Lose schon vorher verteilt worden. Das fordert Mystifizierungen und Ideologisierungen geradezu heraus. Diejenigen, die davon überrumpelt werden und denen das nicht gefällt, können sich nicht gegen die Änderung der Spielregeln wehren, allein schon, weil sie überrascht werden, nicht als Gruppe formiert sind und keinen eigenen Plan haben. Die einzige Gemeinsamkeit ist die, dass sie die Änderung der Spielregeln nicht wollen. Das reicht aber nicht, um die alte Ordnung wiederherzustellen. Die Privilegierten schaffen es meistens, ein Macht- und Hierarchiesystem zu etablieren, indem sie die Gruppe der Überrumpelten (die unsortierte Mehrheit) spalten und gleichzeitig dafür sorgen, dass aus dieser Gruppe genügend Leute von der neuen Ordnung profitieren, etwa dadurch, dass wirtschaftliche Anreize geschaffen werden. Das reduziert die Unzufriedenen mit der neuen Ordnung meist auf eine kleine Minderheit, die sich nicht wehren kann. Die Machtnahme kann *ex-post* dann als allgemeiner Konsens gedeutet werden, besonders dann, wenn eine Bedrohung von außen den Entscheidungsbedarf (und den Druck auf die Schnelligkeit der Entscheidung) erhöht. Ein Schelm, wer dabei an Corona denkt … Machtstrukturen als Treiber vermeintlich notwendiger Corona-Maßnahmen zu durchleuchten, ergibt daher viel mehr Sinn, als diese nach Verschwörungsmythen zu durchforsten.

Es wäre nicht das erste Mal in der Geschichte. *Auch du, mein Sohn Brutus* ist bekanntlich die erste Verschwörung der Geschichte, der Cäsar zum Opfer fiel, einfach weil jemand, in diesem Fall sein Sohn, die Macht an sich reißen wollte. Das Muster zieht sich bis heute durch die Menschheitsgeschichte. Da Machtergreifungen verpönt sind, bedürfen sie der Legitimation. Im Irakkrieg zum Beispiel waren das die *weapons of mass destruction*, die Saddam Hussein vermeintlich bereithielt. Sie galten als Grund für den Einmarsch im März 2003, der mit *embedded journalism*, also den Kameraleuten vorne auf den Panzern, wie nie zuvor medial inszeniert wurde. Egal, dass in London, Berlin oder Washington Hunderttausende auf die Straße gingen und damals noch der linke Noam Chomsky das böse Spiel gekonnt demaskierte. Egal, dass Joschka Fischer auf der Münchener Sicherheitskonferenz kurz zuvor dem US-Verteidigungsminister ein pathetisches *I am not convinced* entgegenschleuderte. Egal, dass viele Beamte, darunter einige Freunde von mir, das *State Department* verließen, weil sie ohnmächtig gegenüber der offensichtlichen Lüge waren und nicht daran mitwirken wollten. Die USA marschierten in den Irak, weil sie die Machtverhältnisse ändern wollten, und das Ergebnis ist bekannt. Seit zwanzig Jahren ist der gesamte Nahe Osten ein destabilisiertes Pulverfass, die *democracy promotion* ist ebenso gescheitert wie das *nation building*, und als der wabernde Konflikt über viele Umwege schließlich zehn Jahre später auf Syrien übersprang, was wiederum einige Jahre später die große Geflüchtetenwelle nach Europa auslöste, sind die eigentlichen Gründe oder Auslöser längst vergessen. Als der Blix-Report der UN kurz nach dem Einmarsch feststellte, dass die *weapons of mass destruction* nie existiert haben, interessierte das niemanden mehr. Das Völkerrecht war *en passant* geändert worden. Aus dem Recht auf Nichteinmischung war ein *right to protect* geworden, das jetzt de facto jeden Einmarsch rechtfertigt, wenn man vorgibt, ein Land oder eine Bevölkerungsgruppe beschützen zu wollen, wie zum Beispiel in Afghanistan. Bis heute wurde das Völkerrecht nicht auf den Status ex ante zurückgeführt, es liegt wie erwähnter Gregor Samsa immer noch auf dem Rücken, ist aber jetzt neue Normalität. Es verhält sich ähnlich mit dem – *vermeintlichen* – Giftgas-Anschlag in Syrien 2012 (die UN-Beamten mussten ihr Interview in der BBC zunächst widerrufen, haben inzwischen vor Gericht aber Recht bekommen: es war *gefaked*) oder der sogenannten »Brutkastenlüge«, mit der die Vereinigten Staaten 1990 die Notwendigkeit ihres militärischen Eingreifens in Kuwait belegten. Kriege mag niemand so richtig, also brauchen sie eine Rechtfertigung: eine schockierende Story (Brutkästen) oder eine gefährliche Bedrohung (*weapons of mass destruction*). Eigentlich ist das Strickmuster so billig, dass es fast schon wehtut.

Es geht nicht – zumindest hier nicht – darum, zu argumentieren, ob der Zweck (die Beseitigung von Saddam Hussein) nicht vielleicht doch hehr war oder ob es auch profanere Ziele (Öl?) gegeben hat. Es geht lediglich darum, zu analysieren, wie sich Umbrüche vollziehen und Machtordnungen verändert werden. Und dass in solchen Momenten immer mediale Erzählungen erfunden werden, die genau das verschleiern wollen; und die im besten Fall, wenn die Erzählung gelingt (oder die eigentlichen Gründe vergessen werden, weil die Mehrheit sie meistens nicht wissen will), den Akteur in gutem Licht dastehen lässt, als Befreier oder Retter. Wenn die Erzählung geglaubt wird, hat das also meistens wenig damit zu tun, dass sie einer Wahrheit entspricht. Sondern nur damit, dass die meisten gerne an das Gute glauben, ungern das eigene (Glaubens-) System – etwa »den Westen« – infrage stellen und außerdem hinterher auf der richtigen Seite der Macht stehen wollen. Oder damit, dass es den meisten einfach egal ist. Und so produziert sich scheinbar in einer Endlosschleife, was David Hume schon im 18. Jahrhundert zu Papier gebracht hat: »Nothing appears more surprising to those who consider human affairs with a philosophic eye than the easiness with which the many are governed by the few.«

Der Begriff der Macht ist so wichtig an dieser Stelle, weil die meisten mit der Macht gehen und nicht mit der Wahrheit. Denn Macht hat viele Vorteile. Meistens bringt sie viel Geld mit sich und ist deswegen angenehm. Man schmückt sich gerne damit, in der Nähe von Mächtigen zu sein, selbst wenn man es selbst nicht ist. Kurz: Macht kann verführen oder blind machen. Sie anzukratzen ist oft gefährlich. Man bezahlt – wenn schon nicht mit seinem Leben – in Demokratien meistens mit Karriere oder zumindest Statusverlust, weswegen sich die meisten mit der Macht drehen, auch wenn diese frei dreht und man sich ihr besser widersetzen sollte. Denn wer schweigt, stimmt zu, frei nach Hannah Arendt. Aber gefangen im eigenen System von Einkommen und Abhängigkeiten, persönlichen Verpflichtungen und Pflichten – das weiß die Sozialpsychologie seit Langem –, tun die meisten eben, was die Mehrheit tut, auch wenn viele dabei ein ungutes Gefühl haben. Bequemlichkeit kam bei den meisten Menschen schon immer vor Freiheit. Man geht also mit der Macht und mit der Mehrheit, nicht mit der Wahrheit. Nichts Neues unter der Sonne!

Da in der Coronakrise selbst die Antifa, eigentlich der institutionalisierte Ungehorsam gegenüber staatlicher Übergriffigkeit, zur Speerspitze des Coronamaßnahmen-Gehorsams mutierte, anstatt sich auf die progressive Seite der Freiheit und gegen digitale Kontrolle und Überwachung zu schlagen, wanderte der Freiheitskampf nach rechts und mutierte dort zum Landesverrat. Wie die Studien von Luc Boltanski zeigen, gehört das sublimierte Kapern der Linken unter dem Vorwand des Guten zu den erfolgreichsten Strategien diffuser, kapitalistischer Herrschaftssysteme. Wenn Rechte aber gegen diese Strukturen opponieren, ist das vermeintlich eine Verschwörung. War die Linke immer bereit, gegen den militärisch-industriellen Komplex zu kämpfen, so obsiegt der digital-biometrisch-finanzkapitalistische Komplex einfach dadurch, dass man ihn nicht sehen kann (keine brutalen Kriegsbilder, sondern stilles Leid der Vereinzelten); und sowieso alle in ihm gefangen sind wie in einem Fischernetz, mit ihren Smartphones, auf denen demnächst das digitale Zentralbankgeld direkt ankommt. Der heute größte Vorteil der Macht ist, dass sie sublimiert ist, selten physisch – also mit Schlagstöcken – daherkommt, daher nicht schmerzhaft ist, sondern uns tiefenpsychologisch mittels Algorithmen so umgarnt, dass stets der Eindruck entsteht, es entstehe alles freiwillig und nur für das Gute. Selten war diese Fiktion perfekter inszeniert als heute.

Demgegenüber müsste man eine neue radikale Aufklärung herstellen, die Skepsis mit Vertrauen verbindet. »Ich stelle mir die neue radikale Aufklärung wie die Arbeit von unbeugsamen, skeptischen und zugleich vertrauensvollen Weberinnen vor. Wir glauben euch nicht, sagen wir, während wir von überall die Fäden der Zeit und der Welt mit unzähligen ausgeklügelten Werkzeugen neu ordnen,« schreibt die katalanische Philosophin Marina Garcès. Dieser Moment ist jetzt gekommen. Diesem Moment eines großen »Wir glauben euch nicht«, aus dem die Neuordnung der Welt hervorgeht, widmen wir uns gleich im dritten Teil.

Doch vorher streifen wir nur noch einmal *Des Kaisers neue Kleider*, auch ein schöner literarischer Stoff, um zu erfassen, was gerade passiert. Die Weber, die den Auftrag haben, des Kaisers neue Kleider zu weben, sind begeistert von ihrem neuen Stoff und rühmen sich, dass sie etwas ganz Besonderes weben würden. Nur besondere Personen könnten den Stoff sehen. Natürlich will jeder etwas Besonderes sein; auch will niemand zugeben, dass er den Stoff nicht sieht. Bis schließlich ein Kind ruft: »Der Kaiser ist nackt.« Das Offensichtliche wird also einfach abgetan, es wird geleugnet, da alle zu der auserwählten Gruppe zählen möchten, dasjenige anzuerkennen, was die gerade Mächtigen für richtig erklären. Mutig Widerspruch einlegen tut einzig ein Kind, das von dieser Macht noch nichts versteht und deswegen sagt, was es tatsächlich sieht.

Die eigentliche Pikanterie des Zeitgeschehens möchte man indes in der Umkehrung von Wahrheit und Lüge vermuten. Musste die DDR etwa noch sämtliche Statistiken aufwendig fälschen, um eine *Wahrheit* vom erfolgreichen Arbeiter-und-Bauern-Staat zu erzeugen und zu erzählen, die nicht der Wirklichkeit entsprach, so lag während Corona die Wahrheit – nämlich, dass die Maßnahmen unverhältnismäßig sind – die ganze Zeit auf der Straße: ein Blick in die offiziellen Statistiken hätte gereicht. Aber keiner wollte die Wahrheit von der Straße aufheben. Mal ehrlich, wer braucht schon eine Wahrheit, wenn's sich in der Lüge so viel einfacher leben lässt?

Schlimm wird es dann, wenn man nicht mehr rufen kann, »Der Kaiser ist nackt«. Wenn der Luftballon, der zwischen Wahrheit und Wirklichkeit schwebt, nicht mehr zerstochen werden kann. Denn das ist der Moment, in dem ein politisches System noch mal auf die Füße fallen und sich neuordnen kann; der Moment, in dem Wahrheit und Wirklichkeit wieder in Kongruenz gebracht werden können. Eigentlich ist das die Essenz einer Demokratie, nämlich, dass immer mal jemand rufen kann: »Der Kaiser ist nackt«, ohne gleich geköpft zu werden. Wie ich in meiner Vorbemerkung skizziert habe, ist dieser Moment mit Blick auf Corona möglicherweise genau jetzt.

Wenn indes in einer Gesellschaft eine Lüge als neue Wirklichkeit zementiert wird, dann wird es gefährlich und notwendigerweise autoritär. Eine gute Illustration davon gibt der französische Autor Emmanuel Carrière in seinem großartigen Buch über Limonov, den Anführer der russischen Nashbol-Bewegung und dessen im Wortsinn wildes Leben. Es ist vielleicht das beste Buch über die UdSSR, Russland und seine Intelligenzija des letzten Jahrhunderts. An einer Stelle des Buches, das die Umwälzungen in Russland nach dem Zusammenbruch der UdSSR auf einzigartige Weise beschreibt, schreibt Carrière: Stalin war der Einzige, der nicht nur eine neue Wirklichkeit geschaffen hat, sondern der diese für lange Jahrzehnte als Wahrheit zementieren konnte. Jeder hat gewusst, dass Stalins Schergen morden und jede Nacht Leute abführten. Fast jeder hatte einen Bruder oder Cousin, der am nächsten Tag einfach nicht mehr da war. Aber *keiner* hat darüber geredet, das System der Repressalien war zu hoch. Und worüber nicht geredet wird, das gibt es auch nicht. Wie sagte es Watzlawick? Wirklichkeit ist das, worüber man kommunizieren kann. Ich kann nicht mehr aufzählen, mit wie vielen Leuten ich all diese Dinge in den letzten Wochen diskutieren wollte, aber die meisten haben meine Einwände ausgeblendet: es gab keine Kommunikation mehr darüber. *Du spinnst ja!* Das ist meines Erachtens der Übertritt einer Grenze, der die Demokratie mindestens infrage stellt.

Die Überwindung der kognitiven Dissonanz, in der sich jeder denkende Mensch in der Sowjetunion befunden hat – das beschreibt Carrière meisterhaft –, gelingt durch Verdrängung, gestützt auf jede Menge Alkohol, Wodka in diesem Fall. Wer an die Wahrheit nicht mehr herankommt, muss sich das, was ihm als solche verkauft wird, schöntrinken, damit er daran glauben kann. Wer das nicht konnte und bei der Wahrheit blieb, landete im Gulag. So Alexander Solschenizyn, dessen Buch *Archipel Gulag* wohl wie kein zweites die Welt veränderte, nachdem wie durch ein Wunder ein handgeschriebenes Manuskript über verschlungene Wege im Westen landete, Solschenizyn den Literaturnobelpreis bekam und der internationale Druck auf die UdSSR von außen so groß wurde, dass Solschenizyn aus der Haft heraus nach Frankfurt ausgeflogen wurde.

Zurück zur eingangs erwähnten Beschreibung der aktuellen Situation: Die jüngsten Demonstrationen beziehungsweise »Montagsspaziergänge« über Weihnachten in Bayern und anderswo hatten als Sprechchor »*Der Geist ist aus der Flasche*«. Das ist zwar nicht ganz das Gleiche wie *Der Kaiser ist nackt,* aber fast. Es ist der Anfang von einem anschwellenden »Wir glauben euch nicht«, das Marina Garcès im Sinn hat. Mit ein bisschen Glück könnte dieser Protest zum Beginn einer der größten Demokratisierungsbewegung der Weltgeschichte und zum Ausgangspunkt für ein radikales Umdenken unserer Wirtschafts- und Lebenssysteme werden, wie es im nächsten Kapitel auszuführen gilt. Zu allem Unglück aber wird, ganz ohne Verschwörung, sondern ganz *real,* mit Blick auf digitale Kontrolle, Persönlichkeitsrechte, Datenschutz oder bürgerliche Mündigkeit das Gegenteil verwirklicht: Eine Verformung unserer Demokratie, die auf lange Sicht, und zwar strukturell, deren Ende bedeuten muss.

Die Frage ist also: *#wiewollenwirleben* und was ist uns unsere Freiheit wert? Werden wir uns weiterhin wie betäubt einreden, dass die neue Normalität ein Ausbund an neuer Freiheit ist? Bevor wir dann möglicherweise – ungleich zu Solschenizyn und der UdSSR – feststellen, dass es diesmal kein *Außen* gibt, das uns zu Hilfe kommt, kein Exil mehr, in das man ein Manuskript schmuggeln könnte, weil mehr oder weniger die ganze Welt mitmacht?

Das perfide an dem heute sich ankündigenden Totalitarismus ist, dass er auf Samtpfötchen daherkommt. War es in bisherigen Epochen so, dass zuerst meist durch brutale Gewalt – etwa in den Gulags – eine Lüge zementiert wurde, so kommt die Lüge heute medial so perfekt eingekleidet daher, dass es (fast) keiner Gewalt mehr bedarf und man die schmuddelige Wirklichkeit auch gar nicht mehr gerne anschaut. Dazu braucht es erst einmal nicht viel Gewalt, außer der Vertuschung jenes Quäntchens, mit der man derzeit viele unbescholtene Bürger:innen durch Repressalien aller Art in die Ecke eines tatsächlich radikalisierten Randes und damit in die Ohnmacht drängt, tendenziell mutlos macht und so zum Schweigen bringt. Gegen strukturelle Gewalt ist eben nicht viel Kraut gewachsen.

Wenn Hannah Arendt schreibt, dass Totalitarismus die physische Extinktion des Individuums ist, so haben die Akteure der heute eher diffusen politischen und wirtschaftlichen Herrschaftsstrukturen – »der Schoß ist fruchtbar noch« – genau das aus dem letzten Jahrhundert gelernt: Totalitäre Regime, die physische Gewalt anwenden, sind *out*. Wie viel einfacher und angenehmer ist es da, stattdessen (nur) das Bewusstsein des Individuums zu erobern, ihm seinen ganz dem Kapitalismus unterworfenen Körper zu belassen – und doch gleichzeitig die volle Kontrolle über diese Körper und ihre vollständige Kommerzialisierung zu erhalten. Was heißt es schon, dass wir durch unsere digitalen Geräte alle permanent überwachbar sind, wenn es doch unser alltägliches Leben so sehr erleichtert? Und welche Freude, dass es bald dank implantierter Chips noch nicht einmal mehr ein Smartphone braucht und wahrscheinlich beizeiten auch keinen Türsteher mehr. Wer will noch Einblick haben in das Gesetz, wer braucht seine eigene Tür, wenn draußen Gleichheit und Sicherheit warten? *Adieu*, Individuum …

Teil III
Was wir jetzt machen

*»Le monde souffre du manque de foi
en une vérité transcendante.«*
Renouvier

Die ganze Welt schwankt zwischen Dystopie und Utopie, zwischen globalem Wahn und globaler Hoffnung, auf der einen wie der anderen Seite in dem Bewusstsein, dass die Pandemie eine Zäsur ist und danach einiges anders sein wird.

Nüchtern kann festgestellt werden, dass der Traum von »Bella Ciao«, der großen Solidarität, wie sie vor letztes Jahr noch weltweit auf den Balkonen ausgerufen wurde, ausgeträumt ist. 2020 war für die Hochvermögenden das finanziell erfolgreichste Jahr in der Menschheitsgeschichte: Milliardäre konnten ihre Vermögen während der Pandemie um fünf Billionen Dollar steigern, was einem Anstieg um rund 60 Prozent innerhalb eines Jahres auf 13 Billionen Dollar entspricht. Für alle anderen bleiben 5 Prozent mehr Inflation (in der Türkei schon 78 Prozent), auch die FED, die US-Notenbank, macht sich schon Sorgen. Dazu steigende Energiepreise und etliche Menschen, die trotz Vollerwerbstätigkeit nicht mehr über die Runden kommen. Wie viele

Leute nach zwei Jahren Maßnahmen ihre Existenz, ihr Geschäft, ihr Kleinunternehmen oder ihren Laden verloren haben, ist noch gar nicht beziffert. Dass der Mittelstand hinweggefegt wurde, dürfte eine Tatsache sein, und jeder, der ein paar Essays über die Ursprünge totalitärer Herrschaft gelesen hat, weiß, dass diese fast immer mit der Vernichtung des Mittelstandes beginnt.

Seit mindestens 20 Jahren schreiben Soziologen wie Wilhelm Heitmeyer, aber auch der liberale Lord Dahrendorf, von einem heraufziehenden »autoritären Kapitalismus«, bei dem meistens die Populisten gewinnen. Am Anfang stehen Auflösungserscheinungen und bürgerkriegsähnliche Zustände, von denen der »Sturm auf das Kapitol« oder die Fackelträger in Ostdeutschland einen Vorgeschmack bieten. Der Begriff des *Civil War* ist ebenfalls Topos der Politikwissenschaft und schon in deutschen Talkshows angekommen. Zum Beispiel bei Markus Lanz in der Sendung vom 4.1.2022, aus dem berufenen Mund von Sigmar Gabriel, den man sicher nicht als Schwätzer, Defätisten oder was auch immer abtun möchte und der dort von einer heraufziehenden »Phase ohne Weltordnung« sprach. Präziser gewesen wäre eine »Phase ohne staatliche Weltordnung«.

Nur um nicht Ursache und Wirkung zu verwechseln, sei an dieser Stelle kurz noch einmal drauf verwiesen, dass, bevor der KuKluxKlan, QAnon, verstrahlte Evangelisten oder radikalisierte Trumpisten die USA bevölkerten, eine nie gekannte soziale Verwahrlosung stattgefunden hat – und zwar seit den 1970er Jahren –, die plakativ als »The 1-Percent« bezeichnet wird. Joseph Stiglitz hat schon 2012 in *The Price of Inequality* argumentiert, dass ein System, das die soziale Gleichheit nicht achtet, nicht demokratisch bleiben kann, weil die Demokratie dann ungerecht ist und eine ungerechte Demokratie eben keine Demokratie ist. Ähnlich Pulitzer Prize Träger George Packer in *Who has stolen the American Dream*?

Kurz: dem religiösen oder jedem anderem Fanatismus geht eine soziale Krise voraus, das ist in den USA nicht anders als zum Beispiel im Nahen Osten. Wer keine Zukunft hat, radikalisiert sich und flüchtet sich in Ideologien. Neurologen können zeigen, dass es eine Art »Gerechtigkeitsgen« gibt: Verteilt man an Kinder im Kleinkindalter, also noch bevor sie zählen können, unterschiedlich viele Nüsse, werden diejenigen, die weniger bekommen, aggressiv.

Was dann passiert, ist sowohl vom ökonomischen Prozess her sowie politikwissenschaftlich ebenfalls bestens untersucht. In *The economic origins of dictatorship* beschreibt der Harvard-Wirtschaftsprofessor Daron Acemoğlu in sechs Querschnittsstudien über verschiedene Länder in Afrika und Lateinamerika, die im 20. Jahrhundert von der Demokratie in die Diktatur kippten, dass, wenn die sozialen Spannungen zu groß werden und die soziale Unruhe konsequenterweise steigt – siehe die Gelbwesten in Frankreich – und die Elite sich nicht mehr sicher fühlt, ein Umbruch bevorsteht. Kurz: wenn die Demokratie zu teuer wird: zu viele Arbeitslose mit Ansprüchen, kollabierende Pensionsansprüche, wie vor allem überall in Europa. Oder wenn es, im Sprachgebrauch eben jener Eliten, einfach zu viele »unnütze« Menschen gibt, die man wegen der digitalen Revolution in der Wertschöpfungskette nicht mehr braucht. Es könnte nämlich diesmal nicht gelingen, wie bei den vorangegangen sozioökonomischen Transformationen –

im letzten Jahrhundert von der Agrar- zur Industrie- und dann von der Industrie- zur Dienstleistungsgesellschaft –, die unnützen Menschen alle in den neuen sozioökonomischen Prozess der Wertschöpfung einzugliedern, wenn die Roboter die Arbeit der zu teuren Menschen übernehmen. Die Roboter brauchen nur eine Steckdose und keine Kranken-, Arbeitslosen- oder Rentenversicherung. Das untere Fünftel, oft nicht mobil und unzureichend (aus)gebildet, wird, wenn eine solche Transformation wieder einmal ansteht, normalerweise über geschickte Erzählungen, die oft mit Angst funktionieren, instrumentalisiert. Das wusste schon Bucharin, als er im Zuge der russischen Revolution sagte, wenn die Bourgeoisie sich sicher fühlt, macht sie Demokratie. Sonst macht sie Faschismus. Nichts Neues unter der Sonne. Es passiert regelmäßig.

Die Dämmerung, wenn nicht das Absterben der Demokratie ist ebenfalls seit Längerem ein Bestseller-Topos der Politikwissenschaft. Buchtitel wie etwa *Death and Life of Democracies* von John Keane oder *How Democracies die* von Daniel Ziblatt und Steven Levitsky füllten die Büchertische in den Buchhandlungen, dienten aber anscheinend mehr dem Entertainment denn der politischen Reflexion darüber, wie man das gegebenenfalls noch ändern könnte. Eine der besten – weil zeitlosen – Analysen ist dabei nach wie vor das großartige Buch von Johannes Agnoli *Die Transformation der Demokratie* von 1967. Dass die Demokratien heute überall wackeln, ist eine Binse, außer dass man in der Tagesschau nicht viel davon mitbekommt, weil ihre strukturelle Erosion keinen News-Wert hat. Neu ist lediglich, dass diese sozioökonomische Transformation im digitalen Zeitalter passiert, weswegen sie noch mal ganz anders sein dürfte als alle vorausgegangen. Und dass wir darüber alle in *real time* im Internet diskutieren, weswegen die gesellschaftliche Unruhe so groß ist. Denn diesmal bekommen es – im Gegensatz zu den Bauern in der russischen Steppe während der russischen Revolution – (fast) alle mit.

Ein Transformationsprozess hat selten etwas mit Verschwörung, indes viel mit Macht und Kapital zu tun, wie wir im zweiten Teil gesehen haben. Inzwischen pfeifen es die Spatzen von den Dächern, dass das pandemische Geschehen – beziehungsweise, die Art und Weise, wie damit politisch umgegangen wurde – etwas mit dem Finanzsystem zu tun hat. Anders formuliert, die unter dem moralischen Impetus der Lebensrettung propagierte Politik, die eigentlich das Leben über Kapitalismus und Geld stellen wollte, hat am ehesten noch dem Finanzmarkt gedient: *follow the money* beweist sich damit wieder einmal als das vielleicht wirkmächtigste Prinzip aller Zeiten. Unsummen an öffentlichem Geld wurden im März 2020 mobilisiert, um den Lockdown wirtschaftlich abzufedern, die EZB spannte einen Rettungsschirm, allein die EU mobilisierte ein Rescue Package von 750 Milliarden Euro von der EU. Damit wurde ein Finanzsystem saniert bzw. umstrukturiert, das kurz vor einem *credit crunch* stand, einer sogenannten Kreditklemme. Der Lockdown stoppte temporär die wirtschaftlichen Transaktionen, trocknete damit die Nachfrage nach Krediten aus und senkte so die Fieberkurve eines in der Agonie gelandeten Finanzsystems, das seit Jahren rastlos nach neuen Anlagemöglichkeiten sucht. Immobilien sind bereits der Hype von gestern. Der Lockdown war also ein weiteres »Bailout« der Märkte. In nie dagewesenem Umfang wurden Staatsanleihen gekauft, während in viel geringerem Umfang Kredite an Unternehmen, geschweige denn Hilfsmaßnahmen an die an den Rand der Gesellschaft Gedrängten durchgereicht wurden, die aber durch die umfangreichen Einschränkungen am meisten gelitten haben. Oder wie es der Autor und Kunstkritiker JJ Charlesworth in einem Tweet auf den Punkt brachte: »There was never any lockdown. There was just middle-class people hiding while working-class people brought them things.«

Hatte die sich selbst so definierende globale Linke während der Bankenkrise, dem letzten »Bail Out«, noch Zeter und Mordio bzw. »Empört euch« geschrien, *Occupy Wall Street* organisiert und die europäische Fahne vor den Toren der EZB verbrannt, blieb der Protest diesmal aus. Das Codewort dafür war Solidarität, der älteste linke Traum.

Diese globale Linke, euphorisch bei dem Gedanken an unbegrenzte Solidarität, sah im Lockdown den kapitalistischen Tempel wanken, als sei Jesus Christus persönlich in der Postmoderne erschienen, um Blackrock, Vanguard & Co. einzureißen. Žižek, Chomsky oder auch Habermas schrieben ihre dümmsten Artikel ever. Dem Nimbus der Solidarität, des unbedingt Guten der verabsolutierten Lebensrettung, waren alle erlegen, so betörend war die Idee. Dort, wo die soziale Solidarität spätestens seit der Bankenkrise nicht mehr hergestellt werden konnte (»Europe, turn left«, schrieb damals, 2012, sogar der Herausgeber der *FAZ*, Frank Schirrmacher), war die Linke nur allzu bereit, von »sozial« auf »Gesundheit« umzusteigen. Hauptsache Solidarität!

Was von der Linken noch letztes Jahr triumphal als Rückkehr des Staates gefeiert wurde, könnte sich indes bald als sein Ausverkauf entpuppen. Ebenfalls auf dem Altar der

Lebensrettung landen könnten das Prinzip des Politischen selbst, die Demokratie und ihre beiden Grundpfeiler, das mündige oder emanzipierte Individuum, sprich Autonomie und Selbstbestimmung. Anstatt in einer posthumanen Gesellschaft zu landen, in der der Mensch nicht mehr das Epizentrum des Planeten und Geld nicht mehr die Messgröße für Erfolg ist, könnte das Pandemiegeschehen den Weg in einen technologiegetriebenen Transhumanismus ebnen, den letzten großen Traum eines sinnentleerten, dafür aber autoritären Kapitalismus und die größte kapitalistische Einverleibung ever, seit Karl Polanyi 1944 seine *Great Transformation* geschrieben hat.

Die Impfpflicht ist möglicherweise nur der Einstieg in eine unverfrorene Ausweitung der kapitalistischen Landnahme durch einen »Gebrauch der Körper« (Giorgio Agamben), indem der Körper selbst zum verhandelten Objekt von Politik und Gesellschaft wird. Und damit zur Grundlage eines digital-biometrischen Komplexes, der den ausklingenden Zyklus des militärisch-industriellen Komplexes ablöst. Die zentrale Frage ist, ob eine Demokratie strukturell mit einer solchen Ent-Subjektivierung und zugleich Kommerzialisierung des Körpers vereinbar ist? Welche Demokratie soll es geben können, wenn letztlich Würde, Individuum, Rechte und Autonomie, die zentralen Elemente demokratischer Theorien, digital beziehungsweise biometrisch erfasst, normiert und kommerzialisiert werden?

Der Impfpass, so Andrew Bud, der Geschäftsführer von iProov, einem Unternehmen für biometrische Zertifizierung, ist der Vorläufer eines »Digital Wallet«, einer digitalen Brieftasche. Dieser Vorläufer dürfte den gesamten

Bereich der digitalen Identifizierung vorantreiben. Auf den Barcodes der grünen Pässe kann ein gewissermaßen unentrinnbares Netz der Überwachung etabliert werden, bei dem man Geolokalisierungsdaten eines jeden verfolgt: wer wann in welchem Restaurant, Hotel, Kino, Universität oder Fitnessstudio ein- und auscheckt, ist dann alles »traceable« – nachverfolgbar. In Australien, Indien, China oder den USA ist dieser Prozess längst im Gang. In Indien ist ein digital-biometrisches System namens *Aadhaar* etabliert, eine Milliarde Inder hängen bereits an diesem System, das bisher größte biometrische digitale ID-Programm, an dem über Fingerabdrücke zum Beispiel Zuweisungen von Reis hängen. Wenn sich das System vertut, gibt es halt keinen Reis. Eine solche digitale Identitätsinfrastruktur öffnet Tür und Tor zu digitaler Kontrolle, social-scoring- und social-credit-Systemen: eine leere Straße bei roter Ampel zu überqueren, ein unkontrollierter Wutausbruch, das Schludern bei der Lektüre von Texten von Xi Jinping, deren Abendlektüre für Chines:innen Pflicht ist, das alles kann unmittelbar sanktioniert werden: kein Flug- oder Zugticket mehr, kein Eintritt in das Theater oder kein Zugang zu begehrten Produkten.

Viele Menschen, die sich wegen der Sorge um ihre Existenz nach einem Ende der Einschränkungen sehnten oder einfach ihren Job behalten wollten, haben sich resigniert in digitale Ausweisprogramme gefügt, die eine Impfung gegen Corona bescheinigen und als Schlüssel zur Wiederherstellung der persönlichen Freiheit bezeichnet wurden. Die Umdrehung von Freiheit und Abhängigkeit ist inzwischen so perfekt gelungen, dass einem nur noch die Spucke wegbleibt. Weltweit werden Nicht-Geimpften der Zugang zu öffentlichen Räumen sowie Bürgerrechte verwehrt: Sie sind von Einkaufzentren, Bibliotheken, Banken, Universitäten und teilweise sogar von stationärer medizinischer Betreuung ausgegrenzt. Diese »Politik der Verbannung« ist längst in Europa angekommen.

Die Frage ist, ob es dabei wirklich nur um den Schutz vor Corona, Immunität oder gar Gesundheit geht oder um die Installation von Bewegungs- und mithin Überwachungssystemen, vorangetrieben, als nächstem Wertschöpfungszyklus, von einer gigantischen Tech-Branche, deren Namen alle kennen – Google, Amazon & Co. –, die wiederum auf das engste verbandelt ist mit Finanzgiganten wie Blackrock oder Vanguard. Beide zusammen übernehmen jetzt den »Sicherheitsrat« des autoritären Kapitalismus. Staaten waren gestern. Wen interessieren noch UN-Resolutionen? Die digitalen Überwachungssysteme werden jetzt vom »autoritären Kapitalismus« installiert, um den Körper als letzte »Ware« zu kapitalisieren, denn sonst ist kaum noch etwas auf der Welt, mit dem man Geld verdienen kann.

Verknüpft werden also – um nur ganz schnell darüber zu fliegen – in einem ersten Schritt das Handy mit dem Körper (digitaler Impfpass). In einem zweiten Schritt dann Geld, Handy und Körper, zum Beispiel durch das geplante digitale Zentralbankgeld, also die Abschaffung von Bargeld. Das Einkommen kommt demnächst direkt aufs Handy und wird wohl – ein kleines Zuckerstückchen für die bittere Medizin muss sein – an ein bedingungsloses Grundeinkommen, gekoppelt. Die Linke jubelt schon, denn wenn der soziale Flurschaden (Inflation, Geschäftesterben, Bildungsverlierer:innen) der Pandemie-Bekämpfungsmaßnahmen erst sichtbar wird, steht – simsalabim –

das *universal basic income* als prompte politische Antwort schon parat, um den sozialen Protest zu verhindern. Und schließlich sollen – das ist durchaus in Planung, aber noch Zukunftsmusik – Geld, Handy und Körper mit der Mensch-Maschine verknüpft werden, die die Menschen über Brain-Computer-Interfaces (BCI), also Implantate, direkt untereinander vernetzt. Man braucht in Zukunft also nicht einmal mehr das Smartphone zu zücken, um die WhatsApp der Freundin zu lesen, sie ist buchstäblich gleich unter der Haut und von da wahrscheinlich gleich auf der 3D-Brille. Digital vernetzt und die menschlichen Gehirne zentral zusammengeschaltet, kann keiner mehr raus aus dem Homo Deus.

Das ist sicherlich angenehmer als die Fußfesseln der Sklaven, die auch noch ausgepeitscht wurden. Aber wohl denen, die noch Sartre gelesen haben und wissen: Die Hölle, das sind die anderen! Der Businesspartner, der nachts um vier Uhr eine Textmessage schickt, die direkt in meinem Gehirn piepst? Sind autonome Denkleistungen, ist freier Wille dann noch möglich?

In einem großen anthropologischen Bogen müsste man diskutieren, dass der Mensch immer seine Lebensbedingungen ändern, seine Begrenztheit überschreiten wollte: der über dem Homunculus brütende Faust steht vor Augen. Doch waren das Rad, der Kompass, die Uhr, der Telegrafenmast oder Penicillin vielleicht noch segensreich für die Menschheit, so weiß man das bei der KI, der sogenannten Künstlichen Intelligenz – von der keiner so genau weiß, was sie eigentlich ist, außer das Programmieren eines Supercomputers – sowie der Gen- oder Nanotechnik und dem, was in biochemischen Hochsicherheitslaboren (deren

Zahl sich seit Pandemie-Beginn vervielfacht hat!) ausgebrü-
tet wird, nicht mehr so genau.

In diese Mensch-Maschine-Beziehung beziehungsweise
diese Agenda der »Human Augmentation« fließt derzeit
das meiste öffentliche Forschungsgeld, die Investitionen
zahlreicher Milliardäre oder auch des Militärs, etwa der
Bundeswehr. Es geht um *Neuralink*, die Firma von Elon
Musk oder auch die deutsche Konkurrenzfirma *Blackrock
Neurotech* von PayPal-Gründer Peter Thiel, für die jetzt
auch der österreichische Ex-Bundeskanzler Sebastian Kurz
arbeiten wird. Für Peter Thiel und seinen Firmenkum-
pel Christian Angermayer werden in Zukunft die BCIs
(Brain-Computer-Interfaces) so gewöhnlich wie heute
ein Herzschrittmacher: »Menschen werden miteinander
kommunizieren, arbeiten und sogar künstlerisch tätig
sein können, direkt gesteuert durch ihren Geist.« Es wird
kein Hehl daraus gemacht, dass diese BCIs für die breite
Masse angestrebt werden, sonst lohnt es sich ja auch nicht.
Was daran indes das Erstrebenswerte sein soll oder wie es
verkauft werden soll – außer mit Neugierde und über die
menschliche Schwäche, meist jede dumme Mode mitmachen zu wollen, ist indes noch nicht klar und wird hoffentlich auch unklar bleiben.

Um es kurz zu machen, das Eigene – sprich: der eigene
Körper und Geist – wird zur Gemeinschaft der Körper und
zur Gemeinschaft im Geist. Individuum und Würde waren gestern. Weder mein Geistesblitz noch mein Gedanke
gehören mir. Wovon der Sozialismus träumte, es aber nie
geschafft hat, nämlich die Abschaffung des Eigentums, gelingt dem digital-biometrischen Komplex unter dem sanf-
ten Flügelschlag des autoritären Kapitalismus. Freiheit und

Gleichheit sind verwirkt, Rechte und Würde sind nicht seine Anliegen.

Soll man sich heute aus Pflicht und Solidarität impfen lassen für den anderen, so wird man vielleicht morgen seine Niere, seine Stammzellen oder sein Blut für einen anderen geben müssen, bei dem oder der diese Dinge besser verwertet werden können – oder der einfach mehr Geld hat. Niemand garantiert, dass, wenn es heute zur Pflicht wird, etwas in den eigenen Körper injizieren zu lassen, es morgen nicht Pflicht ist, etwas davon herzugeben. Der Körper wird durch das Versprechen des Schutzes und den QR-Code als Köder für »Freiheit« zur Ware gemacht: stets in seinen Gefühlen oder auch Begierden durchleuchtet, können kognitiv fortlaufend Bedürfnisse generiert und gestillt werden, während parallel dazu die ganzen Apps jede körperliche Selbstwahrnehmung oder das Vertrauen auf die eigenen Gefühle und Orientierung abtrainieren und uns buchstäblich Sinn-los machen: Google sagt, in welcher Straße ich bin, die Google Watch weiß gleich dazu, wie viele Schritte man oder frau geht (und wenn es nicht genug sind, schüttelt man das Handgelenk, damit die Uhr zufrieden ist). Die intelligente Verpackung sagt bald, ob der Joghurt verschimmelt ist, weil riechen und schmecken auch zu anstrengend oder ganz verlernt sind. Wussten die alten Römer noch, dass *mens sana in corpore sano*, dann kann man sich überlegen, wes Geistes Kind wir dann noch sind, wenn eine permanente, nach neuesten neurologischen bzw. psychologischen Standards organisierte, kognitive Dauerbeschallung auf uns runterrieselt, die keiner mehr mit seinen wirklichen Bedürfnissen oder Gefühlen rückkoppeln kann. Auch in Orwells »1984« rieselt es im Übrigen dauernd Zahlen, etwa über die Steigerung der Wirtschaftsleistung oder was auch immer, die die Menschen *glücklich* und *stolz* machen sollten. Glücklich, wer da noch Janis Joplin gehört hat und weiß, »Freedom's just another word for nothing left to lose«. Längst geht es nicht mehr um den *lebendigen* Menschen – oder den Tod als Erlösung –, ist doch vor allem das vegetative Leben – z.B. im Koma – systemisch lukrativ. Am Körper kann man verdienen, nur ein toter Mensch ist nichts mehr wert. Von den anderen Spielwiesen des technologischen Transhumanismus wollen wir hier aus Platzgründen nicht reden: Arzneimittelgesetzänderung, Suppression alternativer Therapien aus dem Katalog kassenärztlicher Leistungen, Durchsetzung von Gentherapien für Menschen etc., in Österreich wie in Deutschland interessanterweise gepuscht von grünen Parteien, die noch vor Kurzem wegen genmodifizierten Tomaten auf die Straße gegangen sind.

Ich nenne den technologischen Transhumanismus, der so schönfärberisch nach einem glücklichen, faltenfreien Leben bis zu 150 Jahren klingt, ab jetzt nur noch »Schwarze Loge« und würde als Frau gerne zwei Bemerkungen dazu machen: Zum einen scheint *Human Augmentation* für Männer notwendiger zu sein als für Frauen, denn wenn sie ohne BCIs denken könnten, würden sie sich so einen Unsinn nicht ausdenken. Notwendig erscheint mir eher eine psychoanalytische Eruierung dessen, was in diesen Männern vorgeht, nämlich bestenfalls infantiler Gebärmutterneid. Zu hoffen bleibt, dass aus der »Augmentation«, also aus der Erhöhung, keine Überhöhung wird. Hochmut kommt bekanntlich vor dem Fall, und der wäre vom Mars aus gesehen, auf den Elon Musk seine Autos schießen will, ganz schön tief. Dass Technik die Lösung ist, um zum

Leben zu gelangen, ist eine *contradictio in adjecto*. Schon Claude Lévi-Strauss gab zu Protokoll, dass 90 Prozent aller Erfindungen nur dazu da seien, die Folgeschäden der vorausgehenden Erfindungen rückgängig zu machen. Also vielleicht doch vorher mal über das Wesen des Menschseins nachdenken, anstatt jedem technologischen Hype hinterherzuzulaufen?

Wenn das aber alles schon so kommen soll, dann brauchte es wenigstens eine Politische Theorie des technologischen Transhumanismus, zumindest wenn es weiterhin demokratisch zugehen soll. Aber die ist noch nicht da. Erfasst werden kann deswegen zunächst nur, was verloren geht: Würde, Selbstbestimmung und Eigentum, das hatten wir schon. Aber auch die Nation oder Identität und damit der Nationalstaat und die – bisher ach so geliebten – Grenzen. Dem *Green Pass* dürfte die nationale oder staatliche Zugehörigkeit egal sein, der nationale Pass, einst Symbol der Staatenwelt, wird zum Relikt vergangener Zeiten. Sowie alle anderen Identitäten, über die in den letzten Jahren der Identitätspolitik so gestritten wurde: Nicht trivial für das zukünftige (un)demokratische Geschehen ist also, dass der digitale Impfpass durch die Hintertür sämtliche Identitäts- und Zugehörigkeitskonzepte überlagert, die in den letzten Jahren en masse in den Demokratien des Westens diskutiert wurden: divers, jüdisch, migrantisch, homosexuell, transgender. Race, class, gender: Alles wieder egal! Der gemeinsame Nenner ist der digitale grüne (Impf-)Pass, der damit eigentümlich identitätsstiftend ist in Gesellschaften, deren Homogenität in den letzten Jahren durch Individualisierung und Wokeness arg strapaziert wurde. Die *Gesellschaft der Singularitäten* (Andreas Reckwitz) wird zusammengeklammert durch 2G: Hauptsache geimpft, heute gegen CORONA, morgen gegen etwas anders. Man möchte die neue Einheit im fast universellen Sinn begrüßen, wenn die Substituierung der Ausgrenzung nicht so verblüffen würde: ausgegrenzt werden jetzt freie, gesunde Menschen, egal welcher Herkunft, die sich nicht impfen lassen und die nichts anderes tun, als auf ihrer Freiheit und ihrer körperlichen Selbstbestimmung zu bestehen – also auf Würde und Mündigkeit –, und die sich digitaler Bewegungskontrolle entziehen wollen. Damit liegt das Paradoxon für die neue Demokratie in ihrer dystopischen Varianz schon auf dem Tisch: Frei ist nur noch, wer sich in die – körperliche und geistige – Unfreiheit begibt.

Dies ist die vielleicht fundamentalste Umkehrung des demokratischen Prozesses. Der demokratische Staat, einverleibt – und mithin abgeschafft – im grenzenlosen digital-biometrischen Komplex, ist nicht mehr dafür da, die Freiheit des Einzelnen zu garantieren, sondern den Einzelnen durch körperliche Vernetzung qua digitaler Ausweise (Impfpflicht!) zum Schutz des anderen – und mithin alle voreinander – zu schützen. Foucaults These, wonach das, was heute auf dem Spiel steht, das Leben selbst ist und deswegen alle Politik Biopolitik wird – schlimmer noch: in dem die Politik nichts mehr zu sagen und der Staat nicht mehr das Gewaltmonopol hat –, trifft also zu. Der im Gewand der Wissenschaftlichkeit auftretende, biologische Lebensbegriff ist aber ein säkularisierter politischer Begriff, um nicht zu sagen, ein apolitischer Begriff und nur als solcher für den autoritären Kapitalismus interessant. Hegel hatte also recht, als er voraussah, dass der Kapitalismus sich den Staat einverleiben würde! Der autoritäre Kapitalismus tut genau das, in dem er sich jetzt die politischen Subjekte des Staates zu Untertanen macht. Keine Revolte, keine Revolution: Die staatliche Hülle bleibt bestehen oder auch nicht. Doch die Herauslösung des biologischen, des nackten Lebens aus den politischen Lebensformen ist eine fundamentale Attacke auf die Würde des Individuums und deswegen die Negation des Politischen schlechthin. Wenn, im Sinne von Joseph Beuys, dem Menschen das Kreative genommen wird und individuelle Antworten nicht mehr möglich sind, dann erlischt seine schöpferische Transzendierungsfähigkeit und mithin auch der Raum des Interesses, also des Politischen. Und wenn Hannah Arendt sagte, Politik heißt Welt teilen, dann hatte sie sicherlich keine vernetzten BCIs im Sinne.

Die Kernfrage einer politischen Theorie und einer politischen Praxis im Zeitalter des digital-biometrischen Komplexes ist also die nach der schieren Möglichkeit des Politischen. Anders formuliert: Kann es überhaupt eine politische Lebensform geben, in der es in seinem Leben (nur) noch um das Leben selbst geht? Denn unsere Beziehung zur (Außen-)Welt wäre dann aufgekündigt. Die Verbindung der sichtbaren und unsichtbaren Welt aber ist die Schwelle, an der der Mensch stehen muss, jener Verbindung zwischen Himmel und Erde, die er sich nicht erklären kann. Wenn wir an dieser Schwelle nicht mehr stehen, ja, die Schwelle negieren, wird alle Politik notwendigerweise totalitär, denn dann ist sie auf das nackte Leben beschränkt, auf den Raum der realen Möglichkeit, auf das Sichtbare und das Pragmatische, also auf das Hier und Jetzt ohne Mysterium: ein Raum, in dem man sich aber nur im Kreis dreht. Gute Politik ist darum immer Orientierung an der Unmöglichkeit, am Imperativ eines Denkens, dass die Dinge doch eigentlich ganz anders sein sollten. Genau das ist das Politische.

Es sollte darum klar sein, dass die Maxime, das Leben selbst zur politischen Lebensform zu machen, die gesamte politische Theorie abräumt. Neomarxistisch gesprochen hieße es: eine politische Daseinsform ohne (staatlichen) Überbau. Wer wo lebt, wählt oder Steuern zahlt, alles Bausteine des modernen Nationalstaates und seiner »No taxation without representation«-Formel, also die klassische Formel von Mitbestimmung gegen Steuern, ist dann auch egal. Wo eine Demokratie, so es sie gäbe, dann ihre Verortung finden soll, ist völlig unklar, wenn der global normierte, digital-biometrische Pass, eingehüllt in das Parfüm transhumanistischer Freiheit, zum Türsteher des autoritären Kapitalismus wird.

In diesem technologisierten, aseptisch-sterilen Biedermeier oder Neopuritanismus, einem nicht-mehr-so-ganz freiheitlichen Dasein, und zugleich sauberen Leben, sind wir längst angekommen. In den letzten zwei Jahren galt es, sich gegen das Virus die Hände zu desinfizieren und sich gleichzeitig gegen rechte Diskurse zu wappnen, die eben diese Desinfektion infrage stellten. Das Leben reichte während des Lockdowns nur bis zum eigenen Fenster und dem Blick auf die Straße (wenn man überhaupt einen hatte). Der Kontakt zur Außenwelt war rein virtuell und mithin letztlich fiktiv. Die Entkoppelung der kognitiven von der physischen Welt gelang schon nahezu perfekt. Per Zoom konnte man überall auf der Welt präsent sein, ohne die eigene Umgebung überhaupt wahrzunehmen. Die neue Privatézza – ein Wohnen, Dämmern, Lügen – im Sinne von Botho Strauß, war der Versuch einer bindungs- und beziehungslosen Politik, die als Solidarität verkauft wurde, eigentlich aber Egoismus derjenigen war, die es sich leisten konnten, zu Hause zu bleiben – was nicht oft genug wiederholt werden kann. Das staatliche verordnete und auch noch moralisch legitimierte »Gardine zu!« (»stay home!«) kann darum als größte Privatisierungsaktion des politischen Raums in der Geschichte bezeichnet werden, also als Entpolitisierung. Politik wurde von Gestaltung degradiert zur Verwaltung eines Notstands beziehungsweise zur Sicherung von Schutz und Versorgung. Es war der Sargnagel für Hoffen, Träumen, Glauben, die Triebfedern des Politischen, wobei am entpolitisierten Sarg bereits lange zuvor gezimmert wurde. Jede Idee von Politik als gesellschaftlicher, nichttechnologischer Transformation wurde schon in den vorausgehenden Jahrzehnten aufgegeben.

Der Topos der simulativen Demokratie, respektive der Postdemokratie, ist darum schon lange Gegenstand der Politikwissenschaft, als Beschreibung des Erschöpfungszustandes der Demokratie und der Abwicklung ihres progressiven Charakters. Die Postdemokratie nennt sich am liebsten »konsensuelle Demokratie«. Die herrschende Idylle schützt davor, sich um politische Ziele zu streiten. Die simulative Demokratie ist hochgradig eventisiert (»Demokratie-Festivals«!), in ihr zählt Form mehr als Funktion. Der Streithandel des Volkes wurde abgeschafft, stattdessen wird auf »We-Move« geklickt. Der »Konsens« bildet die meritokratische Mitte ab. Sozialer Fortschritt wird sublimiert durch vermeintliche Partizipation. Mitreden als demokratische Selbstinszenierung erscheint wichtiger als reale Ergebnisse im Sinne der Gerechtigkeit. Denn realiter beschleunigt Partizipation durch Konsens gut ausgebildeter Mittelschichten bei gleichzeitigem Rückzug der Modernisierungsverlierer aus der politischen Willensbildung die sozialen Spaltungsprozesse.

Die Coronamaßnahmen, stets abgesegnet von stabilen Zweidrittelmehrheiten, und zwar jenen, die ökonomisch gut durch die Krise gekommen sind, unter Inkaufnahme der sozialen Schädigung des unteren Quintels, sind ein Paradebeispiel für diesen Prozess. Die formale Demokratie ist der Schein, hinter dem die Macht der bürgerlichen Klasse ausgeübt wird, schreibt Rancière. Wenn diese bürgerliche Mehrheit jetzt über asymmetrischen Machtzugang zum Beispiel eine Impfpflicht »nur« für Pflegepersonal durchsetzen sollte, weil die allgemeine Impfpflicht vielleicht doch noch blockiert wird, man aber politischen Tribut zahlen muss an die Agenda der Lebensrettung (»wenigstens das haben wir durchgesetzt«), dann könnte das exemplarisch stehen für das, was es ist: eine perfide Entdemokatisierung und Refeudalisierung zugleich. Die Pflegekräfte sind nur mehr niedere Wesen, Arbeitsvieh, enthoben ihres rechtlichen Anspruchs auf körperliche Selbstbestimmung, und werden wie die Hunde vom Hof gejagt, wenn sie sich nicht impfen lassen. Die Demokratie, so könnte man sagen, wandelt sich in ihrem simulativen Zustand von einem progressiven in ein reaktionäres Instrument. Im neuen demokratischen Raum befindet sich, wer gehorcht und wer Geld hat. Der gesellschaftliche Protest dagegen wird wiederum seit Längerem sehr geschickt und präventiv unter Verweis auf die Gefährdung der öffentlichen Sicherheit und Ordnung unterbunden. Ein ungerechtes System verbarrikadiert sich, was soll es sonst auch tun?

Die Unterbindung des Protestes wiederum produziert die Fäulnis des Systems, da der Protest notwendigerweise in die Systemkritik abwandern muss, einst intellektuelles Vorrecht der Linken, die heute in ihrer vulgären Ausformung die politische Rechte für sich okkupiert, und zwar überall in Europa. Corona ist auch hier nur die Fortschreibung einer Entwicklung, die schon länger zu beobachten ist. Es war die politische Rechte, die gegen den Euro, die Flüchtlingspolitik, die Klimapolitik und jetzt gegen Corona wettert. Es kann hier en détail nicht diskutiert werden, wo die Rechte vielleicht sogar recht hat und welche von ihr vorgebrachte, legitime Kritik im politischen Prozess eventuell verarbeitet werden müsste. Sondern es geht um die Frage, wie sich die Spannung zwischen meritokratischer Konsens-Elite und ihrer Diskurs-Zementierung und denen, die gemeinhin als »Populus« bezeichnet werden oder sich selbst so bezeichnen (»Wir sind das Volk«), entladen soll. Noch – die Betonung liegt auf noch – hat sich die Coronamaßnahmen-Politik nicht entladen in einem massiven Stimmenzuwachs von FPÖ, AfD oder dem Rassemblement National. Doch kann man sicher sein, dass das so bleiben wird, wenn die Käseglocke des Corona-Diskurses gelüftet wird und es zu stinken beginnt? Und sind wir so sicher in Europa, dass der Topos des Bürgerkrieges der Vergangenheit angehört?

Ein kurzer Blick quer durch Europa zeigt: Giorgia Meloni, die dem Begriff des Faschismus durchaus etwas abgewinnen kann, ist nach Draghi die beliebteste Politikerin in Italien. In Frankreich, wo in Paris zu Jahresbeginn eine Europafahne auf den Eiffelturm projiziert wurde, regte sich vehementer Protest von rechts, von Marine Le Pen oder auch Éric Zemmour, die Projektion sei eine Beleidigung des Vaterlandes, gar ein Attentat auf die République. Das politische Europa ist also nicht mehr gesetzt als eine Errungenschaft des Kontinents, in dessen selbstverständlicher Friedenserzählung wir uns wiegen könnten. Die kleinen Staaten – vielleicht mit Ausnahme Luxemburgs – versinken in ihrem jeweils eigenen politischen Chaos, wie etwa Österreich, die Niederlande oder auch Belgien. Von Stabilität jedenfalls weit und breit keine Spur. Von Schweden oder Dänemark, noch halbwegs stabil, dürfte ein europäischer Renouveau kaum ausgehen und von Portugal auch nicht. Polen und Ungarn sind populistisch unterspült, der Rechtsstaat ist dort seit Langem aufgekündigt und kein Rechtsstaatlichkeitsverfahren der EU hat dagegen etwas ausrichten können. Von den anderen osteuropäischen Staaten, die wahlweise in Korruption, im Populismus, der Entvölkerung, der Anbiederung an China oder der Armut versinken, ist sowieso nicht mehr die Rede. Ganz zu schweigen von der Tatsache, dass der geostrategische Großkonflikt zwischen dem Westen beziehungsweise der EU und Russland auf osteuropäischem Territorium ausgefochten wird, derzeit an der ukrainisch-russischen Grenze. Kann man da sicher sein, dass es, wenn das Pandemiegeschehen überwunden ist und neben dem sozialen auch der politische Flurschaden sichtbar wird, nicht zu einer Entladung kommt, der mit Stigmatisierung und Ausgrenzung der Populisten nicht beizukommen ist? Da bei Wahlen in vielen europäischen Ländern – etwa in Frankreich – eigentlich nur noch eine moderate Rechte gegen eine populistische Rechte steht, dürfte die Forderung, nicht mit Rechten zu reden, bald nicht mehr umsetzbar sein. Wenn es eine Verschwörung aufzuspüren gälte, dann vielleicht die, wie die CIA in den letzten Jahrzehnten ganz professionell in Europa die Linke abgeräumt hat,[13] die letzte Bastion gegen den autoritären Kapitalismus.

Es wäre noch schön gewesen, wenn der europäische Aufbruch zu Beginn der Pandemie, die verkündete Solidarität und das *European Rescue Package*, eine große Debatte über die Finalität Europas in Gang gebracht hätte, wie Europa sie zu führen vor rund zwanzig Jahren anlässlich seiner Verfassungsdebatte noch in der Lage gewesen ist. So aber dümpelt eine *Europäische Zukunftskonferenz*, in der gerade ausgewählte europäischen Bürger:innen, aufwendig von den EU-Institutionen moderiert, direkt befragt werden, vor sich hin und niemand nimmt davon Notiz. Für ein System aber, das zum Aufbruch nicht mehr fähig ist und das gegen den vehementen Protest von Pluralitäten Bestandssicherung machen muss, ist die politische Kontraktion vorgezeichnet: die politische Neutralisierung des Protestes, die Optimierung der Ausgrenzung, die Kontrolle der sozialen und politischen Rebellion – um die Entladung zu sublimieren. Corona, der grüne Pass und die digitale Bewegungskontrolle sind ein perfektes Mittel, um einerseits persönliche Abhängigkeitssysteme zu schaffen, denen kaum einer entkommen kann; andererseits jede Form des öffentlichen Protestes zu delegitimieren und zu unterbinden. Im autoritären Kapitalismus kommt, frei

---

13 In einem Research Paper des CIA von 1985, das im Internet zirkuliert, über die Defection of Leftist Intellectuals, wird zum Beispiel aufgeschlüsselt, mit welchen subtilen Methoden, u.a. finanzieller Unterstützung von Konferenzen, der CIA gezielt vor allem die in den 1970er Jahren führenden französischen Intellektuellen – les nouveau philosophes – gleichsam gegen die UdSSR mobilisiert und neoliberalisiert hat. Dazu auch Foucault and Neoliberalism, Ed. By Daniel Zamora & Michael C. Behrendt, Polity Press, 2016.

nach Ignazio Silone, der nächste Faschismus im Anzug durch die Tür, in dem die meritokratische Elite ihre Diskurshoheit unter dem Imperativ des Notwendigen und Guten zementiert.

Im Gegensatz zum Mittelalter wissen wir heute, was jetzt kommt, denn es steht überall geschrieben. Wir können nicht einmal sagen, wir hätten nichts gewusst. Wir tun es nämlich gerade, die digitalen Überwachungssysteme für den autoritären Kapitalismus zu installieren. Wenn wir das nicht wollen, dann müssen wir jetzt sofort etwas anders machen. Und damit kommen wir zur Utopie.

Zurück zu Jesus und dem Großinquisitor in den Brüdern Karamasow aus dem zweiten Teil: Wir wollen wieder zur Freiheit, nicht zum Glück. Schon Hannah Arendt wusste, dass »le bonheur du peuple« nicht das Ziel von Politik sein kann, weil sie dann notwendigerweise despotisch wird. Zumal, wenn man Glück zu allem Überfluss noch von Dingen abhängig macht, die man kauft, wo wir doch seit Menschengedenken wissen, aber eben nicht begreifen, dass alles, alles!, was wirklich glücklich macht – Liebe, Gesundheit, Freundschaft –, buchstäblich unbezahlbar ist, und für alles Geld der Welt nicht zu kaufen ist.

En passant relativiert diese Feststellung den Nutzen des heutigen Wissenschaftsbetriebs ganz erheblich, da der Löwenanteil der Forschungsgelder, die heute fließen, in MINT, BioTech, IT oder KI, also in jene Wissenschaften gehen, die die ganzen digital-biometrischen Dinge entwickeln und mithin eine Welt bauen, die wir doch eigentlich gar nicht wollen? In dieser utopischen Skizze wollen wir darum eine Absage an all jene erteilen, die glauben, dass die letzte Utopie der Menschheit die ununterbrochene Berechnung einer Gesellschaft ist, durch die das Ganze der »öffentlichen Meinung« als mit dem Körper des Volkes und seinem Willen identisch vorgestellt wird.

Die politische Reaktion auf Corona kann, wie Philipp von Becker schreibt, darum nur als ein verzweifelter Todeskampf einer sterbenden, dysfunktionalen, irrationalen, größenwahnsinnigen und autodestruktiven Machtmaschinerie verstanden werden, die um ihr Ableben weiß. Die weiß, dass der Weltgeist sich gegen sie gewendet hat, und deshalb zu umso brutaleren Mitteln greift, um ihr unaufhaltsames Ende hinauszuzögern. Diese Machtmaschinerie kennt nichts anderes als die Negation des Lebens. Sie basiert auf Ausbeutung, historischer Kolonisierung, Raub, Mord und Okkupation, auf zentralistischer Staatsgewalt, doppelter Buchführung und Druckerpresse, auf Geldschöpfungsmonopol, Papiergeld, Kreditwesen und Zinseszins, auf Öl, Gas, Kohle und Atomkraft, auf Kunstdünger, Panzer und Maschinengewehren, also auf Fortschrittsversprechen, die alle ins Desaster geführt haben. Sie beruht auf der Trennung von Subjekt und Objekt und Mensch und Natur, auf der Negation des Todes und des Lebens, der Negation des Geistes und der Verbundenheit, der Negation von Sinn und Erfüllung und der Hybris des Glaubens, zu göttlicher Allmacht befähigt und berufen zu sein. Diese Machtmaschinerie hat das Wunder des Lebens an den Rand seiner Auslöschung gebracht.

Wir werden diesen Krieg gegen das Leben jetzt beenden und das Leben neu beginnen. Wir werden verstehen, dass Aufklärung etwas anderes ist als ein fast religiöser Glaube an die Wissenschaft. Wir werden das Mysterium wieder entdecken und Emanzipation neu definieren als humanistische

Arbeit, als Arbeit am Menschen. Mit ein bisschen Glück gelingt ein globaler Reset von Menschlichkeit, Würde und Demokratie, nicht im Sinne des *World Economic Forums*, sondern im Sinne der globalen Multitude. Wir verschmähen die popbunten Plakate der schönen neuen Welt von 2030 und ihre »synthetische Realität«, wie sie zum Beispiel im Prospekt der Consultingfirma Lippincott schon 2018 skizziert wird, in der man »Dawn, an average 25-year old, in a not so distant future«, treffen kann: »Dawn doesn't know how to drive, but she drives all the time. She's never been to the doctor's office, but she visits her doctor every week. She never logs on, but she's always online. She's always shopping, but never in line. Her tattoo unlocks her car. Her manager is a robot.« Wenn Corona der willkommene Anlass war, um diesen pixel-flirrenden Mensch-Maschine-Rapport eines neuen digitalen Nirwanas durchzudrücken, dann weisen wir ihn jetzt zurück. Wir lassen uns nicht belügen, dass darin die Zukunft der Menschheit liegt und dass das die gültige Vorstellung davon ist, »how people connect, create, escape, accomplish, work, unwind, understand, stand out, fit in, get smart, get well, get money and simply live«, wie es in dem Prospekt heißt. Weil es mit Leben nur noch wenig zu tun hat!

Wir werden uns nicht auf diese Technologien verlassen und uns die Echtheit nicht nehmen lassen. Wir werden alle Systeme – das Geld- und das Wissenschaftssystem, das Gesundheitssystem und das Wirtschaftssystem, das Justizsystem und das Schulsystem – neu starten. Wir werden auf die Dormouse von Alice im Wunderland hören, die uns zuruft: »Feed your head«, und unsere Köpfe füttern. Wir werden unsere Seelen boostern, damit sie für eine erneute Vergewaltigung der Menschlichkeit nicht mehr anfällig sind. Wir fangen (wieder einmal) an, die Welt neu zu denken.

Wir wickeln die Postmoderne ab, die bequem war, aber ausgespielt hat, weil sie den Planeten ruiniert. Wir stoppen die programmierte Zerstörung der Welt durch die technische Rationalität, vor der schon Günther Anders vor einhundert Jahren gewarnt hat. In seinen düsteren Vorahnungen vertrat er die Ansicht, dass sowohl die individuelle als auch die kollektive menschliche Handlung mit der Komplexität nicht mehr Schritt hält, die sie selbst erzeugt. Das Subjekt als Bewusstsein und Wille habe die Fähigkeit verloren, das Geschehen auf der Welt zu lenken, und steht darum nicht mehr am Steuer der Geschichte. Es ist diese technische Revolution, die das postmoderne Verhältnismäßigkeitsproblem geschaffen hat, das uns den schmerzlichen Widerspruch vor Augen führte, unter dem wir heute leiden: Wir sind (als Menschheit) winzig auf dem Planet Erde, aber haben übermäßig viel Macht. Diese nutzen wir jetzt, um der sogenannten KI in einem letzten Akt der Vernunft den Stecker zu ziehen, zumindest, solange wir sie nicht beherrschen, damit sie uns nicht gnadenlos überrennt. Denn wir brauchen Zeit, um das globale Leben neu zu organisieren.

Zeit für die Gestaltung der posthumanen Kondition, jene Zeit des »Danach ohne Danach«, in das wir uns manövriert haben. Wir begründen wieder die Hoffnung, dass uns die Utopie, nicht die Technik rettet. Kurz: Wir wenden das dystopische Zeitgeschehen, wir wenden Furcht und Resignation, um dem Kollaps durch Denken, nicht durch Wissen zu entgehen. Denn wir haben Berge von Wissen aufgehäuft, aber all das Wissen hat uns nicht geholfen. Der Gültigkeitsrahmen für das epistemologische, kulturelle und politische Handeln ist spätestens seit Corona gesprengt, vielleicht war das die eigentliche Aufgabe des Virus. Die Globalisierung versprach die ewige Gegenwart des Hyperkonsums, der grenzenlosen Produktion und der politischen Vereinigung der Welt. Diese Globalisierung ist gescheitert. Die letzte hässliche Fratze von Jean Baudrillards *Société de Consommation* springt einem derzeit in Form der Plakate der neuen Online-Firma *Flink* entgegen: »Popcorn alle? Flinks dir«, interessanterweise in Rosarot: die Verheißung des permanent mit Industriemüll gefüllten Magens, ein Völlegefühl, für das man nicht einmal mehr aufstehen muss, das digitale Antrainieren von Impulsen, die keinen Bedürfnisaufschub mehr kennen, die doch einst das Ziel jeder guten Erziehung war, nämlich (Selbst-)Beherrschung. Wir kehren diesen Scherbenhaufen zusammen und lassen den Fortschritt wieder in den Köpfen beginnen.

Es war die Abwendung von den großen menschlichen Metaerzählungen, dem Christentum, dem Sozialismus oder dem Anarchismus, es war die Abwendung von Hoffen, Träumen und Glauben, die uns in die augenblickliche Misere geführt hat, und zwar trotz allen Wissens. Schon in den 1970er Jahren hat der französische Philosoph Jean-François Lyotard in *La Condition postmoderne: rapport sur le savoir* gezeigt, dass weder die Geschichte als Bühne für den Fortschritt hin zu einer gerechten Gesellschaft taugt noch der rein technologische Fortschritt als Horizont. Kurz: Es geht um die Wiederentdeckung der Weisheit, an der sich jedes Wissen messen lassen muss. Mit dieser Weisheit werden wir unsere Intuition stärken, die uns die neue Zeit gestalten lässt, indem wir wieder darauf hören, wie wir uns fühlen, anstatt vom Smartphone diktiert zu bekommen, wie wir uns fühlen sollen. Wir werden die Smartphones aus den Händen legen und uns wieder an die Hände fassen. Dann werden wir wieder in die Hände spucken, statt Desinfektionsmittel darin zu zerreiben.

Zuerst arbeiten wir in jedem Land genau heraus, was schiefgelaufen ist. Wir überantworten die Verantwortlichen dem Internationalen Strafgerichtshof, sollte sich herausstellen, dass es nicht die Fledermaus war, sondern doch ein Labor, das uns das Virus beschert hat, wie der dänische Sonderbeauftragte der UNO kürzlich leakte. Wir bitten die USA, die Vergehen Anthony Faucis und Bill Gates' aufzudecken und juristisch zu verfolgen. Wir schließen die WHO und durchforsten ihre finanziellen Verstrickungen mit der Pharmaindustrie. Wir lassen die fragwürdigen Verantwortlichen von Pfizer und Co. nicht entkommen, wie wir damals, vor zehn Jahren, die Banker haben entkommen lassen. Wir setzen einen parlamentarischen Untersuchungsausschuss ein. Wir wählen einen neuen Kanzler, der wieder rote Linien kennt. Wir ernennen Verfassungsrichter, die wieder das Recht und die Freiheit verteidigen, anstatt uns zu sagen, dass Not kein Gebot kennt. Wir entlassen alle Mitglieder des Ethikrates, die permanent Ethik und Politik verwechselt und sich dem biopolitischen System angebiedert haben, anstatt Menschlichkeit und Würde zu verteidigen. Wir verweigern ein zentrales Impfregister. Wir verzeihen den Intellektuellen, die uns durch Schweigen verraten haben – und das waren viele –, und geben ihnen das Buch von Julien Benda, *Der Verrat der Intellektuellen* von 1927 zu lesen. Wir weisen sie darauf hin, dass es ihre Aufgabe gewesen wäre, die Banalität des Guten zu durchschauen und die Freiheit zu verteidigen.

Wir machen die Krankenhäuser wieder zu Anstalten des öffentlichen Rechts, um das Gesundheitssystem dem Effizienz- und Kostendruck zu entziehen. Wir bezahlen unser Krankenhaus- und Pflegepersonal wie Manager. Wir bringen die zum Schweigen, die uns sagen wollen, dass das nicht geht, denn wir haben in der Krise gelernt, das alles geht, wenn man nur will. Wir sperren die Kinos wieder auf und zeigen den großartigen Film von Carmen Losmann, *Oeconomica*, zusätzlich an allen Schulen, damit unsere Kinder, die wir gequält haben, sehen, dass nicht einmal die Direktoren der Zentralbank wissen, was Geld eigentlich ist. Wir lehren unsere Kinder, das Geldsystem infrage zu stellen, anstatt ihm zu verfallen; und dass Geld genug da ist, um all die Schädigungen auszugleichen, die wir ihnen angetan haben. Wir hören auf, unseren Kindern fast täglich mit Stäbchen in der Nase herumzubohren, und bringen ihnen stattdessen bei, an Feldblumen zu riechen. Wir erinnern uns an Woodstock, als der Traum zum Alltag gehörte, Puritanismus verbannt war und in Summerschools noch an Utopien gebaut wurde. Als man noch wusste, dass wir die Erde nur von unseren Kindern geborgt haben und jedes Leben endlich ist. Als frau ohne Push-up-BHs und in selbstgestrickten Pullovern auf eine Friedensdemo ging, anstatt mit gefälschten Wimpern und Augenbrauen in Magazinen blätterten, in denen das transhumane, sinnentleerte Anti-Aging Leben bis 150 Jahre beworben wird. Wir lernen durch den großartigen Roman von José Samarago *Zeit ohne Tod*, dass, wenn wir den Tod abschaffen, die Mafia kommen muss, damit wir wieder sterben. Wir lernen, dass das Antlitz des Sterbens dafür da ist, dass wir in die Lebendigkeit, nicht in die Starre kommen.

Wir stellen Herzensbildung gegen Bildung, Klugheit gegen Wissen, Sinn gegen Geld, Besitz gegen Eigentum und das große Ecce Homo wider den technischen Solutionismus! Wir lernen wieder, dass Freiheit ist, nichts zu wollen und nichts zu brauchen. Wir erzählen unseren Kindern wieder, dass Midas Gold nicht essen konnte, das Thales das Geld aus seiner Olivenpresse der Allgemeinheit geschenkt hat und Diogenes in seiner Tonne glücklich war. Und dass auch Sterntaler schon wusste, dass, wenn man alles gegeben hat, man meist alles geschenkt bekommt.

Wir sperren nie wieder Spielplätze mit rotweißen Absperrbändern zu, sondern freuen uns über glockenhelles Kinderlachen. Wir bauen Schulen, in den die Kinder hüpfen-tanzen-springen-singen-malen, anstatt digital zu verblöden, und in denen die Turnschuhe egal sind, die sie tragen. Wir holen das ganze Corona-Plastik von Stäbchen und Kanülen aus unseren Ozeanen, weil wir kurz vor Corona im Europäischen Parlament eine Direktive gegen Plastikmüll in Ozeanen auf den Weg gebracht hatten, die, kaum war die Tinte trocken, uns nicht mehr interessierte und wir Unmengen von Corona-Sondermüll produziert haben. Wir holen unsere Alten wieder aus den Pflegeheimen, beenden ihre Isolierung und bringen sie zurück in die Mitte der Gesellschaft. Wir lernen, Alter, Würde und Weisheit wieder zu respektieren, anstatt vegetative Pflege um den Erhalt eines – ertragreichen – Systems willen zu legitimieren, das uns erlaubt hat, die Alten ebenso unwürdig wegzusperren wie die Pflegekräfte unwürdig zu bezahlen. Vielfach konnte man sich in den letzten zwei Jahren fragen, ob in der Aufgeregtheit über das Sterben der über 80-Jährigen das schlechte Gewissen in uns kratzte, wie schlecht wir sie eigentlich behandeln.

Und hätten es die Kirchen nicht verdient, dass wir aus ihnen austreten, wenn wir es nicht schon längst getan haben, denn sie haben kläglich versagt? Sie, die für den Glauben zuständig sind, waren auch der Angst vor der Endlichkeit erlegen, haben die Gotteshäuser in der schlimmsten Krise zugesperrt und sich dem Corona-Diktat gebeugt, sodass kein gemeinsamer Anruf einer letzten Instanz möglich war. Vielleicht lernen einige sogar wieder zu beten, um dafür zu danken, dass wir, verglichen mit allen anderen historischen Epochen und Seuchen quer durch die Geschichte, so glimpflich davongekommen sind. Und bitten um Verzeihung dafür, dass wir uns so angestellt haben.

Und nein, wir bauen keine Denkmäler für die Coronatoten, denn wir betrauern alle Toten der letzten zwei Jahre, die Suizidtoten und die Geflüchteten von Moria gleichermaßen. Wir belassen den Tod als das, was er ist, den letzten Gleichmacher der Menschheit, unabhängig von Krankheit, Alter, Geschlecht und Herkunft, der Einzige, der keine Unterscheidung duldet. Und da wir jetzt das Prinzip der Lebensrettung gelernt haben, bemühen wir uns in Zukunft verstärkt, ja, mit aller Kraft, diejenigen Leben zu retten, die man mit einem Rettungsboot im Mittelmeer aus den Fluten retten kann, anstatt sie mit Pushbacks von *FRONTEX* von den Küsten wieder wegzustoßen. Oder diejenigen, im Sudan zum Beispiel, denen man mit einem Dollar pro Tag einen vollen Bauch bescheren kann, damit sie überleben. Wir versuchen, kulturwissenschaftlich zu erfassen, was mit uns passiert ist, dass Lebensrettung eingeengt wurde auf das Überleben im Intensivbett, als ob nur das aufwendig und unter hohen Kosten gerettete Leben das wirklich gut gerettete Leben ist, weil es uns unsere eigene Potenz vorspiegelt.

Wir rehabilitieren den Begriff des Querdenkers, denn ohne Querdenken kann keine Demokratie bestehen. Wir holen uns richtige Argumente in die politische Mitte zurück, unabhängig davon, wer sie äußert. Wir beenden den absurden Schmäh der »Kontaktschuld« und die Politik der Fingerzeige. Wir stellen sicher, dass die Populisten nicht die politischen Gewinner des autoritären Kapitalismus werden, in den wir geschlittert sind. Wir entbinden unsere Polizisten davon, die Einhaltung dummer und dümmster Regelungen zu überwachen. Und wir entbinden sie davon, gegen friedliche Demonstranten vorzugehen und unbescholtene Bürger:innen zu Delinquenten zu machen. Wir sprechen niemandem mehr die Vernunft ab. Wir beenden Polarisierung und Spaltung der Gesellschaft. Wir gehen zuhauf friedlich auf die Straße und zünden ein Licht an. Wir überlassen den Versicherungen die Regressforderungen, die da kommen werden, aber wir werden uns dagegen wehren, dass der Staat die Versicherungen »raushaut«, so wie er es vor zehn Jahren mit den Banken getan hat, denn wir haben aus der Bankenkrise gelernt. Wir gründen neue Zeitungen und Magazine, denn die, die wir haben, haben uns maßlos enttäuscht. Wir begründen unsere Universitäten neu und geben diesmal alles Geld den Geisteswissenschaften, damit die nächste Generation wieder Dialektik, Kritik und Denken lernt, anstatt nur Modelle und statistisches Handwerkszeug.

Wir verweigern die digitale Welt von Xi Jinping oder Mark Zuckerberg, die Welt der QR-Codes, der Abschaffung des Bargelds oder der ID2020. Wir werden nicht bei Aldous Huxley landen, weil er beschrieben hat, dass es in der schönen neuen Welt kein Leben mehr gibt, und wir danken ihm dafür, denn das Buch hilft uns, jetzt die Kurve zu kriegen. Es ist eine dezentrale Welt, ein neues, organisches Gaya (Bruno Latour), ein Leben im weiblichen Fluss des Tao, das wir bauen. Wir weigern uns, aus der Intelligenz selbst, und unabhängig vom Menschen, eine produktive Kraft zu machen. Wir holen uns das Internet als neuen, öffentlichen Raum zurück, der öffentlich finanziert und nicht mehr durch Werbung gesponsert wird und darum nur auf unsere niedersten Instinkte abstellt. Wir bauen ein umfassendes europäisches Schnellzugnetz und lassen die Flieger innerhalb Europas am Boden, denn dass das geht, haben wir auch gelernt. Wir entgiften unsere Böden, lassen Masttiere frei, verbannen Zucker aus unseren Supermärkten und hören dadurch auf, Krankheiten zu produzieren, die Big Pharma dann heilen soll. Wir stellen Zeit gegen Karriere und lernen ein für alle Male, dass der Kapitalismus letztlich auf der Ausnutzung unserer Eitelkeiten beruht: schön sein wollen, besser sein wollen, gefallen wollen – und wir nur durch unsere Schwächen verführt werden. Also lernen wir mal, stark zu sein, und verändern dadurch das kapitalistische System. Kurz, wir kommen einfach wieder zur Vernunft!

Wenn wir aufgeräumt haben, denken wir die Demokratie radikal neu und entwerfen eine postnationale, postkapitalistische und postpatriarchale Welt. Wir entwerfen öffentliche Räume, zu denen alle Zugang haben und niemand durch einen Barcode ausgesperrt wird. Wir erinnern uns daran, dass Europa und Freiheit untrennbar zusammengehören. Wir wehren uns gleichermaßen gegen Slums, Quarantäne- und Flüchtlingslager. Wir lesen die universelle Erklärung der Menschenrechte neu und begreifen endlich, dass alle Menschen frei und gleich in Würde und an Rechten sind. Und wir fügen der Erklärung einen Satz hinzu, den wir in der UN-Charta verankern und in dem wir ein »Recht auf analoges Leben mit gesellschaftlicher Teilhabe« fordern, also ein Recht darauf, ohne Smartphone leben zu können. Wir erhalten unsere analogen Strukturen für den Fall, dass wir, wie bei der Atomkraft, in 100 Jahren noch mal aus einer Technik aussteigen müssen, die eher Verderben gebracht, als in den Fortschritt geführt hat.

Diese Zukunft liegt in dezentralen Strukturen, in Städten und Regionen, die sich in kleinen, kulturell und wirtschaftlich autonomen Einheiten über den gesamten Globus erstrecken und ineinander übergehen, ohne durch harte nationale Grenzen voneinander getrennt zu sein. Sie liegt in der Zerschlagung von Monopolen, durch die die Aufzinsung von Geld und Daten beendet wird. Sie liegt in dem Verständnis, dass Souveränität ein trügerischer Begriff ist, von dem wir uns verabschieden, denn, wie Hannah Arendt schrieb, »if men wants to be free, it's precisly sovereignity that he will need to let go«. Sie liegt darin, dass wir uns an den Begriff des Gemeinwohls, der res publica, erinnern, wie es im Begriff der Republik, dem Juwel der europäischen Geistesgeschichte, bereits angelegt ist.

Schlussbemerkung

> *»Wer die Freiheit für die Sicherheit aufgibt,*
> *verliert am Ende beides.«*
> Benjamin Franklin

Wo stehen wir also in Deutschland mit Corona im Frühjahr 2022? Selbst das ist schwer zu sagen. In der *FAZ* konnte man Ende Januar eine Umfrage lesen, laut der im Jahr 2021 noch 44 Prozent der Deutschen der Auffassung waren, dass Deutschland *(sehr) gut* durch die Coronakrise gekommen ist, während elf Prozent dies *gar nicht gut* fanden. 2020 hingegen waren noch ganze 78 Prozent der Überzeugung, dass Deutschland gut durch die Krise gekommen sei, und nur drei Prozent fanden *nicht gut*. Die Zustimmung zu den Maßnahmen ist also schon um fast die Hälfte gesunken, umgekehrt proportional zur Sichtbarwerdung der Folgeschäden. Gleichzeitig, das ist das Überraschende – und es ist fast widersprüchlich – sind 82 Prozent der Deutschen jetzt der Überzeugung, Corona habe die Gesellschaft zum Negativen verändert. Nur ein Prozent (sic!!!) sehen eine positive Veränderung. Alle politischen Alarmglocken müssten also schrillen! Der Philosoph Michael Andrick warnte in diesem Zusammenhang in der *WELT* vor der »Aufkündigung der Republik«, die Schriftstellerin Juli Zeh sprach in einem Interview im MDR zu Jahresbeginn von teilweise bürgerkriegsähnlichen Zuständen. In der Tat ist fraglich, wie die tiefen gesellschaftlichen Gräben, die sich aufgetan haben, wieder zugeschüttet werden können, bevor sie sich verfestigen. Mögen das Ellenbogen-Stoßen und Füße-Treten der neuen Begrüßungsrituale keine Vorboten sein: der Handschlag war schließlich ein Zeichen des Vertrauens, dass ich keine Waffe in der Hand habe!

Schon jetzt gibt es auf Dating-Seiten getrennte Rubriken für Geimpfte und Nichtgeimpfte, vor Kurzem veröffentlichte der *SPIEGEL* eine Umfrage, dass die Mehrheit der Bevölkerung inzwischen ein Gesicht mit Maske sympathischer und vertrauenswürdiger findet als ein Gesicht ohne Maske, das wahlweise als Bedrohung oder als schmutzig empfunden wird, wobei der Autor des Artikels, offenbar ganz ohne Ironie, auch noch den Satz formulierte: »Wer will schon Kinder zeugen mit einem Maskenverweigerer?«

Diese tiefen Verformungen dessen, was einst als normal galt und es heute nicht mehr ist, müssen aus der Gesellschaft gefischt und gefiltert werden wie Schmutzpartikel aus einer klaren Flüssigkeit. Doch wer soll für die Rückkehr zu einem mündigen, emanzipierten und selbstverantwortlichen Bürgertum die Moderation übernehmen? Und in welchen Foren diese Versöhnungsdebatte stattfinden soll, wo doch – wie im ersten Teil argumentiert wurde – alle gesellschaftlichen Subsysteme wie etwa Medien oder Universitäten versagt haben?

In diesem Text wurde argumentiert, dass das gesellschaftliche sowie politische Leben in Deutschland und anderswo nachgerade und substanziell verformt wurden, aber jetzt die offenen Debattenräume fehlen, genau das zu thematisieren. Politik und Gesellschaft müssen darum dringend heraus aus der Fokussierung auf das unmittelbare Zeitgeschehen, jenem »Bann der Gegenwart«. Überspitzt gesagt: Die Demokratie muss jetzt vor Corona gerettet, nicht Corona auf Kosten der Demokratie bekämpft werden. Zwei Jahre Krisengeschehen haben zu einer schier unglaublichen Machtkonzentration der Exekutive und zur Unterdrückung von grundlegenden Freiheitsrechten geführt, die jetzt mühsam zurückgewonnen werden müssen. Grundfesten der Demokratie wurden verschoben, der Wert von Grundrechten muss neu im Bewusstsein der Menschen verankert werden. Der allererste Grundsatz dafür müsste sein, dass niemand, aber auch niemand, von der Teilhabe am Diskurs ausgegrenzt wird – auch nicht die AfD! –, denn mit der Ausgrenzung beginnt die Erosion der Demokratie. Wer aber soll diese Arbeit machen, in welchen Bildungsstätten soll sie vorbereitet werden?

Nehmen wir eine Sekunde an, diese Fragen könnten gelöst werden, so wird die Bereinigung der gesellschaftlichen und politischen Flurschäden Jahre, wenn nicht Jahrzehnte in Anspruch nehmen. Die Schritte, in denen das zu passieren hat, zeichnen sich gerade am Horizont ab. Kurzfristig muss die Impfpflicht – europaweit – verhindert, dann müssen alle Maßnahmen mit sofortiger Wirkung beendet und so das politische System vor seiner autoritären Schließung bewahrt werden. Gehen wir – die Hoffnung stirbt zuletzt – davon aus, dass dies in letzter Minute im März 2022 gelingen wird. Ein parlamentarischer Untersuchungsausschuss wäre wünschenswert, dürfte aber nicht zustande kommen – oder vielleicht erst in einigen Jahren. Aber die gesellschaftlichen Reparaturarbeiten müssen mit Hoch-druck in Angriff genommen werden.

Zu diesen Reparaturarbeiten zählen, in loser und un-systematischer Reihenfolge, als Erstes das Gegenarbeiten gegen die para-autoritären Tendenzen und die Erziehung zum blinden Gehorsam unserer Kinder und Jugendlichen, die sowieso die großen Verlierer der Krise sind, obgleich eine Gesellschaft auf sie immer besonders zu achten hat. Anknüpfend an das Zitat von Arno Gruen im ersten Teil, dass das Festklammern an Autorität zum Lebensgrund-satz wird, wenn man ein solches Verhalten früh genug buchstäblich eingeimpft bekommt, müssen Kinder und Jugendliche dringend wieder in die Lebensfreude und die Freiheit entlassen werden, wenn ihre Einstellung zu Au-torität nicht prägend für das politische Systems werden soll, in dem Moment, wo aus diesen Alterskohorten die Funktionseliten von übermorgen werden. Zweitens muss es internationale Konsequenzen haben, wenn sich, wie es scheint, die »Laborthese« über die gezielte Arbeit an dem Virus in Wuhan bewahrheitet und – schlimmer noch – der Chef der amerikanischen Gesundheitsbehörde Anthony Fauci dies von Anfang an gewusst und dissimuliert hat, wie amerikanische E-Mail-Korrespondenzen es nahelegen. Drittens – wir springen vom Globalen ins juristische De-tail – müssen während der Coronakrise *en catimini* durch-geführte Änderungen oder ausgreifende Erweiterungen etwa der Befugnisse des Verfassungsschutzes, dessen neue Zuständigkeit jetzt auch die Verfolgung von Handlungen der »Delegitimierung des Staates« sein soll, (*Was, bitte, soll das sein? Und wie evasiv ist das gefasst?*) rückgeführt werden, bevor demnächst jede Kritik an staatlichen Handlungen zum Verfassungsbruch umgedeutet wird. In die gleiche Kategorie gehört, dass Apps wie etwa Luca oder die Corona-Warn-App deinstalliert gehören und als digitale Infrastruktur staatlicherseits nicht für andere Dinge genutzt werden dürfen. Viertens geht es um die Wiederherstellung von Institutionenvertrauen. Wo Ruhe die erste Bürgerpflicht gewesen wäre, hat die Politik Panik inszeniert, sich in Kleinteiligkeiten verheddert und Bürger:innen entmündigt. Allein das Panik-Papier des bundesdeutschen Innenministeriums vom März 2020, mit der bewusst Angst geschürt werden sollte, ist als Amtsmissbrauch zu werten und müsste ex-post geahndet werden, um nur ein Beispiel zu nennen. Der Vertrauensverlust breiter Schichten der Bevölkerung in die Politik und in staatliche Institutionen, die für Kritik und Kurskorrekturen nicht mehr empfänglich waren, hat essenziell dazu geführt, dass der Maßnahmen-Protest zur Systemkritik werden musste. Fast eine gesamte politische Elite inklusive ihres Beamtenapparates hat versagt. Rücktritt und Neuwahlen wären die friedlichste Methode, um hier einen Neubeginn zu wagen.

Das derzeitige Risiko ist ein doppeltes, denn die Gesellschaft franst von zwei Seiten aus: eine aufgebrachte, teilweise ressentimentgeladene Bürgerschaft steht auf der einen Seite; vor allem aber gibt es eine merkbare Absetzbewegungen von Funktionseliten. Das ist meines Erachtens das Schlimmste, was einer aufgeklärten, demokratischen Gesellschaft passieren kann. Wenn die Klügsten nicht mehr an die Universitäten wollen, weil sie dort nicht mehr frei forschen können; wenn Richter:innen aus dem Mittelbau des Justizwesens in die Industrie streben, weil sie den *Staatsdienst* nicht mehr ausüben können oder wollen, ohne dass ihr Gewissen sie plagt; wenn Intellektuelle ins Ausland abwandern, nach Spanien oder Schweden, Mexiko oder Panama; wenn Polizist:innen, die übrigens zuhauf an den Montagsspaziergängen teilgenommen haben, sich industrielle Arbeitgeber suchen; wenn Pflegekräfte *en masse* kündigen, weil man ihnen das Recht auf körperliche Selbstbestimmung nicht konzediert, oder Künstler:innen in PR-Agenturen getrieben werden, dann hat eine freie Gesellschaft abgewirtschaftet und nicht mehr das Potenzial, sich von innen heraus zu erneuern.

Es war schon immer so, dass sich freies Denken – ähnlich wie Wasser – neue Orte und Bahnen sucht, wenn sich die herkömmlichen Orte schließen. Im Mittelalter, als die Inquisition tobte, ist man in die Klöster gegangen beziehungsweise gab es Ordensneugründungen. Dass Ähnliches im Gang ist, kann jeder derzeit beobachten, der aufmerksam ist: es gibt universitäre Neugründungen, allen voran in den USA, wo die *Ivy League* vielleicht auch eher die verkrustete Elite von gestern, nicht die kreative Elite von übermorgen ist. Es gibt überall alternative – um nicht zu sagen: oppositionelle – Medien, die sich finanziell gut tragen, während die Leitmedien, wie jetzt etwa in der Schweiz, einen Zuschuss von 180 Millionen Franken – also insgesamt mehr als 1 050 Millionen – vom Steuerzahler fordern *(für was eigentlich?)*, und sich überall in Europa Unmut über die Bezahlsysteme öffentlich-rechtlicher Rundfunkanstalten rührt. Es gibt zahlreiche NGOs in ganz Europa, die die industriell orchestrierte Energiewende im Kleinen unterlaufen und von Klima- über Artenschutz bis hin zu *slow food* oder gemeinnützigen Wohnprojekten, also im Kleinen, die Wende hin zu einer

Gemeinwohlökonomie wagen und der Konsumgesellschaft immer deutlicher den Rücken kehren, die überall neue Strukturen beziehungsweise Gegenprodukte, Gegenöffentlichkeiten und neue Räume schaffen. Hierin liegt vor allem die Denkaufgabe einer *Renovatio* der politischen Linken, die soziale Konzepte von Communitas oder den Commons wieder in der politischen Mitte hoffähig machen muss, damit die gemeinschaftliche Schließung der Gesellschaft nicht mit dem Mief puritanischer Gesinnung daherkommt. Aber auch, damit die Träume einer »Gesellschaft 2030«, in der alle alles haben, aber niemand etwas besitzt (eigentlich der älteste aller sozialistischen Träume), im ewigen Bemühen um eine von Menschenhand geschaffene, gerechtere Gesellschaft zustande kommen und nicht durch die voll durchkapitalisierten und kommerzialisierten Träume einer gigantischen Tech-Branche, die sich für das Glück der Menschen zuständig fühlt und dafür die Freiheit und konsequenterweise die Demokratie abschafft.[14] Mit ein bisschen Glück könnte sich dann in wenigen Jahren herausstellen, dass Corona eine Zäsur war, in der ein System, das auf vielen Ebenen längst überholt war, umgepflügt wurde und etwas Neues, Schönes, Gutes dabei entstanden ist.

Dagegen spricht, dass – wie ich im zweiten Teil argumentiert habe – das neue System in seiner *neuen Normalität* schön längst seine Privilegienhalter auserkoren hat, die wahrscheinlich einen Teufel tun werden, auf neugewon-

---

14 Auch darüber zirkulierten im April 2021 geradezu abenteuerliche Papiere etwa des deutschen Forschungsministeriums, in denen in verschiedenen Szenarien tatsächlich davon ausgegangen wurde, dass man ja die Wahlen eigentlich abschaffen könne, weil alle wunschlos glücklich seien.

nene Pfründe oder Verdienstmöglichkeiten zu verzichten: dazu zählen u.a. die Apotheker:innen, die an jedem Coronatest oder jeder Impfpass-Digitalisierung Geld verdienen, genauso wie Impfärzte oder die inzwischen bereits etablierte neue Test- und Laborindustrie. Auf das Argument, dass man derartiges jetzt für jedes nächste Virus einfach fortführt (Bill Gates hat schon von einem neuen Virus gesprochen, das angeblich zehnmal schlimmer als Corona sein wird) oder dass die Masken auch für die Grippe bleiben sollten (*ist doch so praktisch!*), muss man sich leider einstellen – und es verhindern! Oder die PR-Agenturen, die sich mit ebenso fragwürdigen wie billigen staatlichen Impfkampagnen in zweistelliger Millionenhöhe dumm und dämlich verdient haben. Auch die Digitalisierungsindustrie hat Lunte gerochen. Aber noch ist gesellschaftlich nicht geklärt, ob die digitalisierte Schule wirklich die bessere Schule oder das Homeoffice wirklich ein teamorientierter Arbeitsplatz ist, und so weiter und so fort. Hier wird man auf den Einspruch beziehungsweise das Aufbegehren der Lehrer:innen oder Hochschullehrer:innen, der Gewerkschaften oder auch Kinderpsycholog:innen warten müssen. Denn statt Selbstbereicherung müsste dringend ein finanzieller Lastenausgleich für das untere Fünftel hergestellt werden, das jetzt unter anderem mit der Inflation zu kämpfen hat. Stichworte hierfür sind etwa die sofortige Anhebung des Harz IV-Satzes. Vieles spräche dafür, den Gewinn von BioNTech, der für 2021 rund 9 Milliarden betragen soll (nachdem das Unternehmen 2019 noch einen Verlustrechnung von 181 Millionen geschrieben hat), für diesen Zweck zu sozialisieren. Dass die BioNTech-Aktien derzeit – im Januar 2022 – im freien

Fall sind, dürfte der sicherste Beweis – *follow the money* – dafür sein, dass sich Big Pharma mächtig verkalkuliert, um nicht zu sagen, verspekuliert hat. Zur Kasse gebeten werden sollten auch alle die, die aus Testzentren Pressen zum Gelddrucken gemacht haben. *Meine Gesellschafter kommen abends vor Lachen nicht ins Bett*, erzählte mir kürzlich ein Freund.

Schlimmer als die politische Konformität während Corona ist darum die Schein-Konformität, vor allem weiter Teile der bürgerlichen Mitte, die hinter vorgehaltener Hand das Pandemiegeschehen – vor allem an den groß-bürgerlichen Tischen in Hamburg oder München – unverhohlen kritisierten, es nach außen aber dann sofort verteidigten (oder zumindest den Mund hielten), wenn damit persönlich Geld zu verdienen war. *Wer schweigt, stimmt zu.* Dieser Titel meines Textes soll darum hier in der Schlussbetrachtung noch einmal fallen. Am Ende ist es wieder niemand gewesen, wenn die Dinge jetzt doch, langsam, aber merklich, kippen sollten. Dem sogenannten *Volk* den Protest zu überlassen, wo doch die bürgerliche Mitte alle Schalthebel des Systems bedient und im Nu auf eine gesellschaftliche Normalität umsteuern könnte, ist darum nur noch heuchlerisch. Wenn die Impfpflicht doch noch kommen sollte, wird sie der Pyrrhussieg eines Systems, das sich selbst entlarvt hat. Aufzulösen wäre das mittelfristig dann nur, wenn einfach immer größere Teile der Bevölkerung sich weigern würden, mitzumachen, bei 2G, Impfen oder digitaler Kontrolle, allen voran das Gesundheitspersonal, die Lastwagenfahrer:innen oder die Polizist:innen, also all diejenigen, die vielen, die man – im Gegensatz zu den meritokratischen Funktionseliten – tatsächlich buchstäblich braucht, um den bundesrepublikanischen Laden am Laufen zu halten.

All diese Fragen und Überlegungen müssen jetzt dringend auf den Tisch und unter dem Hashtag *#wiewollenwirleben?* geführt werden, deutschlandweit, am besten europaweit. Denn Europa ist möglicherweise auch eine der großen Verliererinnen der Krise, hat doch das pandemische Geschehen in seinen geostrategischen und geoökonomischen Verstrickungen letztlich gezeigt, dass Europa, über lange Monate das Epizentrum der Pandemie, auch das Territorium – krude gesprochen: das Schlachtfeld – einer hybriden Auseinandersetzung zwischen den USA und China ist. Nichts müsste darum dringender ins Blickfeld der politischen Debatte rücken als die überfällige Emanzipation Europas, zumal sich die Bundesregierung im Koalitionsvertrag in Absatz 4413 bis 4421 für die Gründung eines föderalen europäischen Staates ausgesprochen hat. Pathetisch gesprochen müssen die nächsten Jahre auf dem europäischen Kontinent dafür verwendet werden, Freiheit und Europa wieder zusammenzuführen und genau daraus ein emanzipatorisches Projekt inklusive distinkt europäischer Gesellschaftsordnungen und Lebensformen für Europa zu machen, die sich etwa von der chinesischen *social scrutiny* abgrenzen, anstatt ihr zu verfallen!

Kurz: Man kann der Politik konzedieren, dass sie ein Infektionsgeschehen regulieren und kontrollieren wollte, aber Grundrechte und Freiheit dürfen dafür nicht geopfert werden. Es war wohl der Kardinalfehler schlechthin, dass der Staat sich überhaupt für zuständig erklärt hat, anstatt mehr auf die Selbstverantwortung der Bürger:innen zu setzen.

Freiheit ist immer noch der beste Garant, um mit kollektivem, institutionellem oder staatlichem Versagen umzugehen.

Wenn es in den zwei Jahren einer unsäglichen Coronadebatte mehr Ehrlichkeit gegeben hätte, dann hätte es die vielen sinnlosen zerstörten Existenzen, psychisch Kranken und Toten durch die Zerstörung der Wirtschaft, Isolierung der Menschen und möglicherweise sogar durch die Impfung nicht gegeben. Corona war, statistisch besehen, 2020 und 2021 die siebtgrößte Todesursache weltweit, zahlenmäßig weit abgeschlagen hinter Herz-Kreislauf-Erkrankungen oder Krebs. Demgegenüber stehen die Myriaden von Kollateralschäden. Vorsichtigen Schätzungen zufolge ist, global berechnet, die Zahl an *Years of Life Lost*, kurz YLL, also die Zahl an verlorenen Lebensjahren aufgrund der Coronamaßnahmen (durch Suizid, Hunger, Existenzvernichtung, Depression, Alkohol, Übergewicht, Gewalt an Frauen, Spätfolgen traumatisierter Kinder, um nur die unmittelbarsten gesellschaftlichen Schädigungen zu nennen), etwa um ein Zehnfaches höher als die durch Corona verlorenen Leben oder Lebensjahre, wobei noch hinzuzufügen ist, dass neuesten Schätzungen zufolge etwa nur ein Drittel der als an Corona verstorben Gemeldeten wirklich kausal an Corona verstorben ist.[15]

Stattdessen übte sich die bürgerliche Mitte mit polierten Fingernägeln etwa in der »Abgrenzung vom Corona-Ausschuss« und echauffierte sich über unzulässige Vergleiche. Als ob unser größtes derzeitiges gesellschaftliches Problem solche Gruppierungen und problematische Vergleiche wä-

---

15 Boris Kotchouby mit detaillierten Berechnungen auf www.novo-argumente.com

ren. Die Konzentration auf solche Gruppen und vor allem darauf, wer – meist in großer Unterzahl – an ihnen teilhat, ist am Ende ein perfektes Ablenkungsmanöver vom Eigentlichen. Oder die beste Form der *Neutralisierung von Kritik*, wie die katalanische Philosophin Marina Garcès wahrscheinlich sagen würde.

Möge jetzt alles geschehen, damit die Kollateralschäden nicht zur größten Katastrophe der Menschheit im 21. Jahrhundert werden; und zum Anbruch einer neuen Zeit – schlichtweg, weil wir für unser Schweigen bestraft werden!

Danksagung

Ich bin wahrlich nicht die Einzige, geschweige denn Wichtigste oder Prominenteste gewesen, die im März 2020 nicht in den Maßnahmen-Zug eingestiegen ist und die das Corona-Geschehen von einer anderen Warte aus beobachtet hat. Im Zuge einer beispiellosen sozialen Rekonstruktion habe ich – wie viele – meinen Freundeskreis beinah komplett ausgetauscht. Mit alten Freundinnen vom *SPIEGEL* oder der *ZEIT* oder Bekannten aus dem politischen Raum, einflussreichen Stiftungen oder universitären Kolleg:innen war kaum eine Diskussion mehr zu führen oder ein sachliches Argument zu machen, Freundschaften haben sich entzweit.

Stattdessen kamen neue Freund:innen in mein Leben, eine Vielzahl von Personen, die sich aufgrund der polarisierten Corona-Diskussion als *like-minded* gesucht und gefunden haben. Mit rund 50 Personen, alle aus der bürgerlichen Mitte, habe ich auf Slack, einem digitalen Workspace, eine Gruppe gegründet, in der wir über die letzten Monate unserer Fassungslosigkeit über das Zeitgeschehen Ausdruck gegeben, Informationen und Argumente ausgetaucht haben. Sie alle haben diesen Text gefüttert. Ihnen allen möchten ich danken, denn sie haben mich emotional und intellektuell durch die spukigen letzten Monate getragen, und zwar vor allem: Tarik Ahmia, Michael Andrick, Philipp von Becker, Mathias Bröckers, Dietrich Brüggemann, Elena Escouflaire, Jessica Hamed, Ralf Hanselle, Dirk Jacobs, Käthe Jowanowitsch, Marcus Klöckner, Roland Lang, Johannes Lehman, Milosz Matuschek, Michael Meyen, Tom & Nadine Michelberger, Christoph Nußbaumeder, Jeana Paraschiva, Hannah Polzin, Ortwin Rosner, Jan Schlösser, Diego Schmidt, Christine Sommer, Jan-David Zimmermann und viele andere mehr. Das heißt nicht, dass alle hier Genannten allem hier Geschriebenen zustimmen; aber sie haben mich zum Schreiben dieses Essays ermutigt und mich dabei begleitet.

Ferner möchte ich mich bei den fantastischen österreichischen Künstler:innen bedanken, mit denen ich im Winter 2020/21 eine Klage beim österreichischen Verfassungsgerichtshof gegen die Einschränkung der Kunstfreiheit angestrengt habe, insbesondere bei der Schauspielerin Nina Proll und dem Tenor Günther Groisböck. Dazu bei den Künster:innen von #allesdichtmachen, jener furiosen Video-Kampagne von deutschen Schauspieler:innen vom April 2021, die mit Ironie auf die gesellschaftlichen Verformungen durch die Coronamaßnahmen aufmerksam machen wollten und dafür diffamiert wurden. Auch allen Mitgliedern der Gruppe www.coronaaussoehnung. org sei Dank, deren Mitglied ich bin und die über Monate versucht hat, Verhältnismäßigkeit in die Maßnahmen-Politik zu bringen. Ebenso bedanken möchte ich mich bei allen, die bei #aaadt, der Aktion »Alles auf den Tisch«, mitgemacht haben, in der Künstler:innen Wissenschaftler:innen in 30-minütigen Videoclips zum Corona-Geschehen kritisch befragen, auch eine Aktion, die von den Leitmedien sträflich ignoriert oder diffamiert wurde. Dazu bei der Gruppe www.7Argumente.de, bestehend aus derzeit rund 75 kritischen Wissenschaftler:innen, die sich im Winter 2021/22 formiert hat. Ziel der Gruppe ist die Verhinderung der Impfpflicht, die sofortige Beendigung aller Maßnahmen sowie die gründliche, wissenschaftliche Aufarbeitung des Pandemiegeschehens in statistischer, medizinischer, soziologischer, philosophisch-theologischer, ethischer und rechtlicher Hinsicht, nicht nur zum Zwecke der Vergangenheitsbewältigung, sondern auch, um daraus Lehren für die unmittelbare und mittelbare Zukunft zu ziehen. Da davon ausgegangen werden muss, dass diese enorme und wahrscheinlich jahrelange Arbeit einer wissenschaftlichen Aufarbeitung – und mithin Gegendarstellung zum dominanten Corona-Narrativ – außerhalb des institutionalisierten Wissenschaftsbetriebs wird stattfinden müssen, erlaube ich mir an dieser Stelle den Hinweis, dass diese Gruppe beabsichtigt, sich mithilfe finanzieller Unterstützung der Gesellschaft als von einem Verein getragener Forschungsverbund zu institutionalisieren und darum zu gegebener Zeit für Unterstützung dankbar sein wird; aber auch dankbar für Ärzt:innen und andere Angestellte des Gesundheitssystems, der Medien oder auch des Justiz- oder Polizeiapparates, die eine Anlaufstelle oder Ansprechpartner:in für die Aufbereitung ihrer persönlichen Erlebnisse und Erfahrungen suchen, die in Diskrepanz zur offiziellen Erzählung des Pandemiegeschehen stehen. Es verstärkt sich der Eindruck, dass substanzielle Teile der Bevölkerung jedes Vertrauen in die Institutionen der Bundesrepublik Deutschland verloren haben – ein erschreckender gesellschaftlicher Befund! – und dennoch aus Sorge vor Repressalien oder Sanktionen an ihren Arbeits- und Dienstorten nicht offen reden.

Über die vergangenen zwei Jahre, in denen ich mich, wie viele andere tapfere und wackere kritische Geister, immer wieder zu den Maßnahmen im öffentlichen Diskurs geäußert habe, habe ich eine Flut von E-Mails und Briefen verzweifelter Bürger:innen bekommen, dazu viele Geschenke oder Einladungen, zum Weihnachtsessen gar!, bei unbekannten Leuten, alle aus dem sogenannten *Volk*, das zugleich die große Leidtragende und vergessene Größe des Pandemiegeschehens gewesen ist. Allen, die mir CDs, Pralinen oder Bücher geschickt haben, ein großes Dankeschön an Unbekannt! Wer diesem Volk Populismus vorwirft, der sei daran erinnert, dass es seit Platon bei der Organisation des Gemeinwesens immer nur um den *Populus* geht, und um nichts anderes!

Hier geht es nicht darum, einem während der Coronadebatte tatsächlich vorhandenen, extrem radikalisierten oder gar spinnerten rechten Rand von Reichsbürgern, QAnon-Anhänger:innen oder dergleichen zu huldigen. Aber ähnlich, wie Jassir Arafat erst als Terrorist verunglimpft wurde, bevor er Jahrzehnte später den Friedensnobelpreis bekam, gilt der Dank auch jenen Querdenker:innen (und zwar unabhängig von ihrer politischen Orientierung), die schon sehr früh thematisiert haben, was so langsam für eine (verblüffte) Mehrheit der Gesellschaft sichtbar wird: nämlich dass Corona zwar eine traurige und tragische Realität ist, die pandemische Erzählung und die Maßnahmen, die auf ihr beruhten, indes überzogen und eine fast groteske Inszenierung waren. Der Begriff der Querdenker gehört also rehabilitiert, jener der Corona-Leugner verbannt. Vielleicht wird es eines Tages möglich sein, seriösen querdenkenden Personen, wie dem früh und konsequent mutigen Journalisten Boris Reitschuster, das Bundesverdienstkreuz zu verleihen.

Schließlich und endlich ein Dank an die ebenfalls unbekannten Zehntausenden, die sich schon aufgemacht haben, friedlich auf Spaziergängen gegen die Maßnahmen-Politik zu demonstrieren, und die sich dafür auch Diffamierung, Stigmatisierung oder sogar die Behandlung als Delinquenten gefallen lassen mussten und müssen. Wie der neue Bundeskanzler Olaf Scholz bei seiner Antrittsrede im Deutschen Bundestag im November 2021 angesichts dieser Demonstrationen von einer kleinen *radikalisierten Minderheit* sprechen konnte, ist mir schlicht schleierhaft und deutet eher auf Anzeichen von politischer Verblendung.

Da das deutsche Wahlrecht das Stimmensplitting ermöglicht, möchte ich mich hier auch persönlich bei zwei Politikern bedanken, die im Kampf gegen den politisch institutionalisierten Wahnsinn ihren Kompass nicht verloren haben, nämlich bei Sarah Wagenknecht und bei Wolfgang Kubicki, obgleich es schon merkwürdig ist, seine Stimme bei der Bundestagswahl gleichzeitig der Linken und der FDP zu geben. Gleichzeitig ist dies der beste Beweis dafür, dass die Frontlinien im Corona-Diskurs quer durch das politische Spektrum verlaufen. Es geht ganz offensichtlich um ein würdiges und selbstbestimmtes Menschenbild, in dem Raum für eine gewisse Schicksalshaftigkeit ist; und um eine Auffassung von Freiheit, die als grundlegendes Prinzip eben nicht beim ersten Anzeichen einer Krise über Bord geworfen werden sollte – bei aller Tragik und meinem ausdrücklichen Mitgefühl für die von Corona betroffenen bzw. an Corona verstorbenen Personen.

Doch die inzwischen fast unüberschaubare Fülle von kritischen Gruppen, egal ob Ärzt:innen oder Richter:innen, Anwält:innen oder Unternehmer:innen, Künstler:innen, Angestellte im Gesundheitsbereich, Hotelgewerbe oder der Polizei, angesichts der Fülle von alternativen Medien, angesichts der Vielzahl und Größe der Demonstrationen sowie des stillen, unsichtbaren Protests der Verweigerung, zeigt, dass die Zivilkräfte unserer Gesellschaft noch wach sind und funktionieren. Arbeiten wir also daran, dass sie den gesellschaftlichen Diskurs jetzt wieder in zivilisierte Bahnen und eine demokratische Normalität lenken.